세븐 세일즈

SEVEN

세븐 세일즈

김형기 · 박용우 · 최윤혁 · 지성근 · 배기현 · 신권 · 곽동일 지음

SALES

★★★ 일곱 남자들의 파란만장한 영업 인생 ★★★
영업의 길 위에서 배운 것들

프롤로그

"책을 한번 써 볼까요?" 책 한 권 읽는 일도 어려웠던 일곱 명이 모여 독서 모임을 만들었다. 책 읽기 습관부터 길러야 하는 상태였다. 물론 글쓰기와는 거리가 더 멀었다.

시작은 허허벌판이었다. 황무지에서 나름의 앎으로 쌓은 자재를 모아 집을 짓고자 했다. '각자가 만든 집을 살펴보면 공통적인 부분이 보이지 않을까?'에 대한 의문에서 시작했다. 비를 막는 지붕이 있고, 들어가는 문이 있다. 밖을 볼 수 있는 창문이 있으며, 생활을 위한 도구들도 있다. 물론 집기류나 모양, 크기 등은 다르다. 하지만 집이라고 표현할 수 있는 구조는 비슷하다.

집이란 추위나 더위를 막고 그 속에 들어 살기 위해 지은 건물이다. 외부 환경의 위협과 변화로부터 보호받아야 한다. 무언가를 담을 수 있어야 하며, 가정을 이룰 수 있는 편안함이 보장되어야 한다. 각자가 정의한 영업을 비교하면 공통점을 찾을 수 있지 않을까? 그 공통점이 곧 우리가 영업이라고 말할 수 있지 않을까? 그에 대한 궁금증에서 시작한 모임이다.

어렸을 때 한자 공부를 하다 보면 천자문을 접하는 경우가 있다. 기억나는 부분은 첫 부분밖에 없다. 하늘 천, 땅 지, 검을 현, 누를 황. 그리고 집 우 집 주. 집을 뜻하는 우(宇)와 주(宙)가 합쳐지면 우주가 된다. 하나의 집과 또 다른 집이 모이면 우주가 된다. 한 사람의 만든 영업 인생과 다른 사람의 영업 인생이 모이면 우주가 될 수 있다.

우주라는 뜻의 Universe가 있다. 'Uni'는 '하나로 된'이라는 뜻이고 'Verse'는 한 구절을 말한다. 하나로 합쳐진 구절이 우주가 된다. 한 사람이 쓴 시에 우주가 들어 있을 수 있고, 한 문장에 무한의 공간이 들어 있다.

시간이 흐르며 경험이라는 과정을 통해 자기만의 집을 만든다. 하지만 자세히 살피고 이름 붙이지 않으면 내가 어떤 집을 지었는지 잘 모른다. 누군가에게 내가 지은 집을 설명하려고 해도 생각해 본 적 없어서 어렵기만 한다. 쉼 없이 달리던 영업 인생을 잠시 멈추고 걸어온 길을 뒤돌아보는 시간이다.

책을 쓴다는 건 정리한다는 말과 같다. 무언가를 안다는 말은 설명할 수 있다는 말이다. 우리가 영업을 제대로 알고 있을까? 영업이 무엇인지 정의할 수 있을까? 시간이 흐르며 전문성은 높아지지만 가끔 멍해질 때가 있다. 나는 무엇을 하고 있는 것인가?

"나는 지금 어디로 가고 있는가? 잘 가고 있는 것인가?"

하던 대로 하면 살던 대로 살게 된다. 돌아봤을 때 남은 것이 없다면 앞으로 무엇을 남겨야 할지 고민해 봐야 하는 시기이다. 살아온 삶의 시간들로 찬사 받을 수 없다. 삶의 긴 시간에서 남긴 앙금이 어떤 것인지를 통해 삶이 평가받는다.

  무엇을 얻었고, 놓쳤으며, 어디로 가야하고, 어떻게 가야 하는지에 대해 잠깐 멈춰서 생각해 보는 시간이 필요하다. 멈추고 호흡을 고르며 나아갈 방향을 설정한다. 우리가 재설정한 방향으로 다시 뛸 준비를 하기 위해 이 글을 세상에 펼쳐 놓는다.

목차

프롤로그 　　　　　　　　　　　　　　　　　　　　　005

영업은 철학이다
김형기

1. 영업에 입문하며 　　　　　　　　　　　　　　　012
2. 내가 생각하는 영업이란 　　　　　　　　　　　020
3. 영업의 비전 　　　　　　　　　　　　　　　　　040

영업은 항해사다
박용우

1. 사회생활의 시작 　　　　　　　　　　　　　　　044
2. 선배의 길 　　　　　　　　　　　　　　　　　　054
3. 항해사로서의 영업 　　　　　　　　　　　　　　064

영업은 연결이다
최윤혁

1. 사회로의 첫 걸음 　　　　　　　　　　　　　　　074

2. BATNA - 협상의 숨은 무기	083
3. 새로운 도전으로 확장하라	093
4. 다시 시작된 여정	098

영업은 현재 진행형이다
지성근

1. 영업이라는 환상에서 깨어나다	104
2. 영업은 삶이다	113
3. 영업이 가르쳐 준 것들	121
4. 인생이라는 훈련장	126
5. 후회 없는 영업인이 되기 위하여	131

영업은 같이의 가치를 아는 삶이다
배기현

1. 영업의 시작	134
2. 위에서 오는 압력, 아래에서의 기대	143
3. 묵묵히 걸어가는 영업인	151
4. 같이의 가치	158

영업은 가능성을 현실로 만든다

신 권

1. 처음 만난 영업, 함께하는 성장　　　　　　　　　164
2. 6년차 영업인의 시각　　　　　　　　　　　　　175
3. 가능성을 현실로 만드는 사람　　　　　　　　　187

영업은 생존이다

곽 동 일

1. 영업이란 무엇인가　　　　　　　　　　　　　　192
2. 왜 영업 '사원'인가　　　　　　　　　　　　　　205
3. 영업인의 생존법　　　　　　　　　　　　　　　212
4. 생존 영업의 길　　　　　　　　　　　　　　　　222

에필로그　　　　　　　　　　　　　　　　　　　　224
감사의 말　　　　　　　　　　　　　　　　　　　　228
참고문헌　　　　　　　　　　　　　　　　　　　　232

김형기

영업은 철학이다

1. 영업에 입문하며
2. 내가 생각하는 영업이란
3. 영업의 비전

1
영업에 입문하며

장래 희망을 영업인으로 꿈꾸는 사람은 아무도 없다

우리는 어렸을 때부터 장래 희망에 대해 고민하며 자랐다. 학교에서 장래 희망에 대해 쓰는 시간이 있으면, 대통령에서부터 의사, 과학자, 경찰, 소방관과 같은 직업을 장래 희망에 적었다. 사회 통념상 부모님들이 자식에 대해 바라는 희망 직업이 다분히 섞인 미래의 직업을 자아가 형성되지 않은 시기인 유치원 때부터 대학교에 이를 때까지 숱하게 들었다.

1980년대 생으로 이런 말을 하면 요즘 MZ 세대와는 세대 차이가 난다고 할지 모르지만, 내가 중고등학교 생활을 할 때는 선호 직업군이 판사, 검사, 의사 등 소위 "사"자 들어간 직업이 우선순위 직업이었다. 베이비부머 시대인 부모님의 정서로는 공무원조차 '면사무소 서기를 하려고 하냐?'라는 말씀을 하실 정도로, 자식이 선택해야 할 직업에 대한 눈높이는 높았다.

학창 시절 사업가나 장사를 하겠다는 친구는 있었어도, 영업을 하겠다는 친구는 아무도 없었다. 혹시 누군가 또는 그 누군가의 누군가라도 장래 희망을 영업이라고 말하는 사람이 있었는지 생각해 보자. 아마 아무도 없을 것이다. 영업이라고 하면 무엇인가 딱 한마디로 정의하기는 힘들다. 그러나 지금 이 글을 읽고 있는 독자들의 머리속에 그려지는 특정 이미지가 그 시절 모두에게 있어서 선호 직업은 아니지 않았을까 조심스럽게 생각한다.

영업이라고 하면 머릿속에 어떤 이미지가 떠오르는가? 지금 떠올린 추상적인 느낌을 적어도 이 글의 말미에는 조금이나마 긍정적으로 생각하기를 바란다. 내가 속한 분야에 한정한 이야기지만, 어떤 것이 영업인지에 대해 구체적으로 생각할 수 있기를 바라면서 내 이야기를 해 보도록 하겠다.

MBTI의 E 성향과 영업 트리

학창시절에 교우관계가 원만하고, 행동이 활달하고, 사람 만나는 것을 두려워하지 않고, 이야기하는 것을 좋아하는 성향을 가진 사람들이 있다. 소위 "싹싹하다."고 불리는 사람들은 한 번씩 들어 볼 법한 말이 있다.

바로 영업이나 장사를 하면 잘 어울릴 것 같다는 말이다. 거기에 대학시절 낯선 사람과의 술자리에서도 어색해하지 않고, 분위기를 주도하며, 주량 또한 많은 사람들은, 적어도 살면서 '영입하면 잘 하셨다.'라는 말을 조금 과장해서 백 번은 넘게 들어 보았을 것이다.

  고등학교에서 이과 보다는 문과를 나오고, 대학교도 공학 계열보다는, 상경 계열 학과를 나온 사람이 있다. 공학적이고 수학적인 계산으로 절대적인 답을 추구하는 쪽보다는, 말로써, 글로써, 논리적이면서도 감성적이고, 사람들의 심금을 울릴 무엇을 갖춘 상대생은 일반적인 시각에서는 영업 쪽 관련 업무를 직업으로 선택할 것만 같은 대중의 시선이 지배적인 것도 사실이다.

  위의 이야기는 사실 내 이야기다. 어디 가서 '사람 좋아 보인다.'라는 수도 없이 들었고, '장사나 영업하면 잘하겠네.', '타고난 영업맨이네.'라는 말도 많이 들었다. 고등학교 때 수학 과목의 진도가 공통 수학 집합에서 멈춘 채 수포자의 길로 들어선 내게 오직 문과만이 선택지에 존재했다.

  대학 또한 경영학과로 진학을 했고, 경영학의 많은 학문 중에서도, 숫자나 계산이 나오는 과목은 질색했다. 시험도 주로 A3 용지에 서술형으로 앞뒤 빽빽하게 적어야 하는 전략 강의 위주로 취사 선택했다. 그러면서 막연히 향후 진로는 정확한 숫자를 도출하는 직군보다 말과 행동으로 움직이는 분야로 지원하면 잘 맞겠다고 생각했다. 답정너라는 말처럼 답정영업이었다. 답은 정해져 있고 그것은 영업이었는지도 모른다.

  영업의 실무적인 부분을 전혀 모르는 채, 취업 시즌에 주변의 조언과 내가 처한 상황에서 자연스럽게 영업이라는 직무에서 첫 사회생활을 시작했다.

프로젝트 산업에서의 영업

첫 사회 생활을 조선소에서 시작했다. 조선소에 취직한 친구에게 하반기 정기공채에 신입사원 공고가 선박 영업 직무 공고가 올라왔으니 지원해 보라는 연락을 받았다.

생뚱맞게 한 번도 생각해 보지 않았던 선박 영업이라 잠시 고민했지만, 우리가 누군가. 임진왜란 당시, 거북선 한 척으로 수십 척의 선박을 물리친 조선 기술력을 가진 나라가 아닌가? 나의 DNA는 우리 선조의 DNA로 연결되어 있음을 느끼고, 멋진 양복과 넥타이를 매고, 유럽이나 해외를 누비면서 다니는 꿈을 꾸기 시작했다. 선주사에 방문해 멋지게 영어로 일하며, 국가 수출에도 이바지하는 내 모습을 상상하며 지원했다. 다행히 처음 쓴 이력서로 서류를 통과한 후, 첫 면접에서 합격했다.

합격 후 몇 주간의 교육을 받고 부서 배치 시간이 되었을 때, 청천벽력과 같은 소식이 나를 엄습했다. 영업이 아니라 'Project Planning'이라고 불리는 생산기획팀으로 발령이 난 것이다. 인사팀의 실무자에게 왜 영업이 아니라 PP냐고 따져 보고, 당황스러움을 토로했지만, 돌아오는 대답은 영업에 자리가 없어 다른 부서로 배정됐다는 말뿐이었다. 채용연계형 인턴이었기에 인턴 경험이라도 쌓자는 마음으로 일을 배우니 어느새 2년이 지나갔다.

부서 내 선배들도 해양대나 조선공학과, 산업공학과, 기계과 등 공학 계열 출신이었다. 그중에서 나만 경영학과로 상경 계열이었다. 물론 좋은 선배들의 덕분에 일을 빠르게 배우긴 했지만, 일을 배우는 과정이 순탄하지는 않았다. 맡은 일은 선박이 진수(Launching) 전부터 인도(Delivery)까지 배가 건조되는 과정 중, 의장공정(Outfitting)에 대한 기획 및 관리하는 일명 후행 기획 업무였다. 진수 이후 인도까지 바쁘게 돌아가는 모든 복합 공정의 역학관계를 따져 가며, 계획을 수립하고 관리했다. 계획 대비 지연되는 문제를 파악하기 위해 현장에 매일 수차례씩 나가며, 아침 9시면 겉옷까지 땀으로 다 젖는 경우도 허다하였다. 이런 바쁜 시기 덕분에 폭발적으로 기획이나 계획, 관리 등 생산에 대한 이해를 배울 수 있었다.

당시, 해양 플랜트의 붐이 일어나면서 근무하던 회사에서도 특수 선박 시장에 진출하기 위해 내부 인력 충원이 있었다. 처음에 선박영업 직무로 지원한 나는, 입사 전 생각했던 일과 현실의 일에서 발생한 괴리, 영업에 대한 갈증으로 내부 공고에 지원을 했다. 그 기회로 다시 영업 직무에 대한 면접을 보고 합격해서 본격적으로 선박 영업을 시작했다.

PP에서 영업으로 부서 이동 후 많은 변화가 있었다. 첫째는 접점의 변화였다. 기존 부서에서는 고객은 선주가 파견한 공정을 검사, 관리하는 선주 감독관 정도였다. 하지만 영업에서는 고객 관련 등장인물이 많아졌다. 우선 외부 고객으로는 선주사에서 신규 선박 발주 업무를 담당하는 영업과 기술 관련 부문의 인원, 중개인 등이 있었다.

내부 고객 즉, 유관 부서의 접점도 생산 부서에서 선행적인 부분을 담당하는 선행설계 조직과 견적을 위한 구매, 생산 부서로 변했다. 다행스러운 점은 PP에서의 공정 기획 및 관리 업무가 타 부서와 생산 실무적인 부분에서의 논의에 상당히 도움이 되었다는 점이다.

그때 비로소 알게 되었다. 어디서든 쓸모없는 배움은 없다는 사실을 말이다. 처음 맡았던 PP 업무는 영업에서 넓은 시야와 구체적인 공정 이해를 바탕으로 고객에게 설명할 수 있게 해 주었고, 생산적 영업의 관점을 갖게 해 준 기초가 되었다.

두 번째 변화는 현장 중심 기획이나 관리 업무에서 미래 중심의 전략적인 업무로의 탈바꿈이었다. 프로젝트 산업에서의 영업이란 짧게는 2년에서 3년 정도를 미리 개발하고, 길게는 5년에서 10년 이후의 건조될 선박에 대한 영업이다. 다분히 미래 지향적인 분야다.

이를 통해 다가오는 미래에 대한 갖가지 상황을 판단하는 업무의 수행이 필요했다. 한정된 건조 슬롯(배를 건조할 수 있는 공간)을 누구에게 배당할 것인지 등 향후 세계 경제 상황이 시시각각 변화하는데 최선의 선택이었는가에 대한 전략적인 부분 또한 중요했다. 이런 부분은 기획 업무의 성격과도 비슷했다.

입찰에 참여하는 상황에서는 항상 정보의 비대칭성이 존재한다. 시장 환경에 대한 정보를 어떻게 파악하고, 경쟁회사는 어떻게 대응을 하고 있는가? 우리는 입찰 상황에서 어떤 위치에 있는가? 다양한 정보를 조합하고, 수주를 위해 소통하는 모든 부분 및 선주사와의 계약서 합의에 보이는 문구 하나하나가 회사를 위한 최선의 선택인지에 대한 전략적인 판단이 늘 필요했던 곳이었다. 이런 업무가 가장 큰 변화였다.

선박 영업을 하면서 전략적인 사고관을 기를 수 있었고 이해관계로 얽힌 다양한 관계자들을 설득시키고, 한 방향으로 리딩하는 업무도 많이 경험했다.

양산 산업에서의 영업

리먼 사태 이후, 세계 물동량도 늘지 않고, 경기가 생각보다 더디게 회복되었다. 국제 유가도 많이 내려가면서, 해양 플랜트의 붐이 가라앉은 시기였다. 조선 산업도 마찬가지로 하향 곡선을 그리고 있었다. 그때 나는 한 가정의 가장이 되었고, 아버지가 되었다.

당시 재직하던 회사는 3차 구조조정, 희망퇴직을 접수받고 있었다. 옆에서 일하던 동료의 절반은 자의 반, 타의 반으로 회사를 떠나고 무척이나 혼란스러운 나날이 지속되었다. 첫 직장, 첫 사회생활을 시작한 조선 쪽에 남아 있을 것인가? 아니면 조금 더 젊을 때 다른 산업에서 나의 길을 찾을 것인가? 오랜 고민 끝에 나는 새로운 도전을 선택하게 되었다.

좋은 기회를 통해 새로운 회사로 둥지를 옮겼고, 지금 이 글을 쓰는 순간까지 글로벌 자동차 부품 업체에서 램프 부분 영업 직무를 수행하고 있다. 흔히 조선, 플랜트, 건설 등으로 대표되는 프로젝트 산업의 대척점으로 생각하는 산업이 대량생산, 양산 산업이라고 한다. 다시 말해, 나는 업무의 연관성이 굉장히 낮은 새로운 산업, 새로운 분야, 새로운 아이템에 대한 영업을 하게 됐다.

가장 큰 차이는 조선소에서는 문의(Inquiry) 접수에서부터 청약(Offer), 의향서(LOI), 계약과 같은 수주를 받기 위한 큰 흐름에만 집중했다. 자동차 부품사에서의 영업은 수주를 위한 사전 활동에서부터 자동차의 단산 이후까지 담당해야 했다. 영업이 담당해야 할 업무가 굉장히 넓다는 말이다. 특히 수주 이후, 자동차가 개발되는 양산 개발 과정에서의 영업의 역할이 아주 중요하다는 사실을 깨달았다.

입사 후 좋은 멘토와 선후배들을 만나 영업에 대한 일을 차분하고 깊게 배울 수 있었고, 그렇게 시간이 흘러 지금에 이르렀다.

2
내가 생각하는 영업이란

영업인의 태도

일반적으로 영업을 하면 사람이 밝아야 된다고 생각한다. 회사의 얼굴을 담당하는 영업담당자가 얼굴을 찌푸리고 누군가를 맞이한다는 것은 상상이 가지 않는 일이다. 밝다는 것이 무조건 "YES."를 외쳐야 한다고 생각하는 사람들이 많다. 밝은 태도는 분명 필요하지만, 그것이 무조건적인 동의와 동일시되어서는 안 된다. 이런 생각을 전면적으로 수정하게 되는 시간이 영업의 삶이다.

영업 업무 특성상, 여러 부서와 함께 일을 하는 경우가 많다. 특히 다른 부서에게 자료를 받아서 결과물을 만드는 경우가 빈번하다. 이 과정에서 많은 요청과 부탁이 오지만 대부분 요청을 받는 경향이 많다. 암묵적인 룰인지는 모르겠지만, 영업에서는 "No."라고 하는 경우가 잘 없는 듯하다. 자의로든 타의로든 영업에서는 "Yes."를 많이 하게 되는

데, 이 부분은 경계를 해야 된다고 생각한다.

영업에서는 전체적인 방향성을 제시하고, 주어진 과제에 대한 결과를 만들어 가는 과정이 중요 업무이다. 회사의 끝 지점에 있는 사람으로서 대외적인 상황을 가장 객관적으로 볼 수 있어야 한다. 내부에 가이드를 주며 프로젝트를 진행시키고, 그 프로젝트가 성사되는 방향으로 이끌어 가야 한다. 이를 위해 무조건적인 "Yes."는 경계해야 한다.

흔히 직장인들 중에 "예스맨"이 많다고 한다. 상사가 말하면 무조건적으로 "네."라고 대답한다. 상사의 판단을 무조건적으로 수용하고, 본인의 생각을 반영하지 않는다. 책임을 온전히 상사가 감당하도록 한발 물러서는 태도다. 하지만 영업인은 그렇게 해서는 안 된다.

영업인은 세련되게 "No."라고 표현할 수 있어야 한다. 목표를 달성하려고 협업을 진행하다 보면 업무적으로 영업이 조금 더 일을 맡아 하고, 궂은일을 할 수는 있다. 하지만, 프로젝트가 바른 방향으로 가지 않을 때는 아닌 것에 대해 아니라고 바로잡을 수 있는 역할을 해야 한다. 영업은 단순히 고객과 회사를 연결하는 다리가 아니라, 올바른 방향으로 조직을 이끄는 안내자이기 때문이다. 그것이 영업의 사명이다.

결이 다소 다른 이야기이지만, 사회 초년생 시절 입사 동기들과의 술자리를 예를 들어 보자. 지금이야 무엇이 옳고 그른지는 포털 사이트에 검색만 해 봐도 알 수 있지만, 당시에는 사소한 부분에서의 논쟁이 잦았다. 상대방이 자꾸 틀린 것을 맞다고 우기기에, 나도 강하게 그것은 틀렸다고 말했다. 결론적으로는 내가 맞았지만, 나보다 한 살 많은 타 부서의 동기는 결국 나에게, "네가 맞기는 한데, 그런 마음가짐으로 어떻게 영업을 하려고 해?"라는 말을 했다.

그 동기는 내가 하는 영업의 직무가 무조건적인 소비자, 고객의 비위를 맞추는 영업을 한다고 생각했던 듯하다. 이런 부분이 서두에서 말했던, 영업에 대한 통상적인 사회적 시선이 아닌가 생각한다.

물론 내가 맞고, 맞은 것을 강조했지만, 문제는 이를 강하게 강조하다 보면 분위기가 틀어지고, 관계에 틈이 생긴다. 유연함을 갖추어야 하는 사회생활에서 그렇게 해서는 안 된다. 누구든 그렇지만, 영업인이라면 더욱더 아닌 것을 아니라고 표현하는 세련된 방법을 갖추어야 한다.

이건 나의 다른 경험이다. "예스맨"은 내부 업무에만 국한되는 이야기는 아니다. 고객과 외국어로 업무를 수행할 때, 특히 전화 영어의 경우, 습관적으로 "Yes."를 남발하는 경우가 많았다. 영어가 숙련되지 않아 한국어로 할 말을 떠올리고, 머릿속으로 영어로 변환했다. 이 과정을 입으로 말하는 3단계 변환 과정이 느렸던 기억이 있다.

영어가 익숙하지 않은 상황에서 내부에서 진행되는 모든 사항들을 전부 말할 수 없었기 때문에 유연한 소통이 어려웠다. 그러다 보니 상대방이 하는 말에 추임새처럼 "Yes."를 남발했다. 통화가 끝나고, 통화에서 말하지 못한 내용을 메일에 기재하니 고객은 조금 전 통화에서는 "Yes."라고 말해 놓고, 메일에는 다른 내용을 말해 당황해하는 경우도 겪었다.

  참고로, 비즈니스 상의 메일은 개인 대 개인으로 수, 발신하더라도, 결국 회사 대 회사의 업무 내용이라, 다분히 공적인 성격을 띤다. 관용적으로 쓰는 확실하게 이해했다는 "Crystal Clear.", 미안하다는 의미의 "Sorry." 같은 단어는 피해야 된다. 향후 어떤 문제가 생겨 중재와 같은 법적절차를 진행하는 경우, 관련한 메일 내역은 참고자료로 쓰인다. 때문에 "확실히 이해했다.", "미안하다." 등의 내용은 불리한 증거로 채택될 수 있기에 가급적 지양하는 편이 좋다.

  무조건적인 Yes Man은 영업에서 바람직하지 않다. 많은 사람들이 영업인의 긍정적인 확답을 원한다. 하지만 영업인은 누구보다 객관적으로 상황을 바라보고, 통찰력 있게 살펴야 한다. 그 속에서 적절한 제동기 역할을 진행해야 한다. 프로젝트가 진행되지 못하면 추진력을 불어넣고, 과하게 달려가면 적절한 제동을 통해 조절할 수 있어야 한다. 그것이 영업의 "Yes."와 "No."가 이루어야 할 방향이다.

  영업은 주어진 과제를 철두철미하게 수행해야 되지만, 나를 바라보는 사람에게는 여유롭게 보여야 하는 어렵고도 섬세한 직무다. 영업하는 사람이 여유가 없어 보이면, 함께 프로젝트를 참여하는 많은 인원들의 불안감은 커진다. 앞서가는 사람의 발걸음이 중요한 이유다.

전달자 그 이상의 영업

영업 업무가 다른 업무와 가장 차별화되는 점은 회사의 내부와 외부에 한 발씩 걸치고 있다는 점이다. 내부에서 의사결정한 부분을 고객에게 전달하고, 고객의 의견을 내부에 공유하면서, 소통의 채널을 전담하는 역할이 영업의 중요한 업무 중 하나이다. 소통이 잘못된 순간 내외부적으로 불신을 초래한다.

전달자 역할만 할 때 생기는 문제는 두 가지다. 왜곡과 소통의 부재가 그것이다. 왜곡은 사실을 비트는 것이고, 단순 전달은 사실을 메마르게 만드는 것이다. 두 경우 모두 소통은 실패한다.

비즈니스란 분명한 목적이 있는 상황 속에서 일어나는 관계이며, 서로의 이익을 달성하기 위해 상호 간의 소통이 필수적이다. 이런 소통의 과정에서 단순히 서로의 말만 전하면, 상호 간의 간극은 더 벌어질 것이다.

임진왜란 당시 도요토미 히데요시와 명나라의 황제 사이에서 외교를 담당했던 사람이 있었다. 그중 명나라 담당자는 심유경이었다. 심유경은 일본과의 강화 교섭에서 히데요시의 요구를 명 황제에게 왜곡하여 보고했다. 일본은 '조선의 일부를 할양하고, 일본 국왕을 책봉하라.'는 요구를 했는데, 심유경이 축소 및 조작하여 '히데요시가 명나라 황제에게 신하로서 조공을 바치겠다.'라고 보고하였다. 결국 사실이 밝혀지고, 전쟁 이후 심유경은 처형당했다. 이것이 왜곡이 주는 폐해다.

영업인은 소통의 과정에서 서로의 말만 전달하는 "Messenger Boy"

의 역할을 지양해야 한다. 영화에서 보면 "저쪽 신사분이 전달해 달라고 말씀하셨습니다."라는 장면이 나오곤 한다. 그곳에 주인공은 주문하는 사람과 물건을 받는 사람이지, 전달하는 사람이 아니다. 단순 전달자의 역할만 해서는 안 된다. "이런 식으로 대응하자고 해서 그렇게 말하니, 고객에서는 이렇게 답을 했습니다."라는 단순한 상대방의 이야기 전달을 경계해야 한다.

이 말은 중간에 있는 소통창구의 역할이 중요함을 보여 준다. 임진왜란의 일화처럼 왜곡이 일어나서는 안 되지만, 그렇다고 해서 오로지 말만 전하는 역할만 해서도 안 된다. 영업에서 고객사의 의도를 잘못 전달했을 때, 내부에서는 고객 의도에 대한 오해가 벌어질 수 있다.

외부와 맞닿아 있는 영업은 고객의 의중 및 요청의 배경을 정확히 파악해야 한다. 고객이 왜 이런 요청을 지금 우리에게 하는지를 정확히 내부에 전달하는 것이 소통하는 영업인의 첫 번째 역할이다.

또한 영업인은 내부의 상황을 명확히 이해해야 한다. 단순하게 특정 부서의 의견만 듣는 것이 아니라, 그것이 기술적인 부분이든, 제조 부분이든, 원가 부분이든 모든 분야의 이야기를 들을 수 있어야 한다. 전반적인 상황을 깊이 이해하고 종합적으로 판단할 수 있는 깊이가 중요하다.

종합적 이해가 바탕이 되었을 때, 비로소 고객과 서로 'WIN-WIN' 할 수 있는 중재안을 도출할 수 있다. 이런 전반적인 소통에 필요한 사항을 사전에 준비하는 것이 중요하다.

한쪽만 이득을 보는 일방적인 상황은 비즈니스 관계에서는 거의 존재하지 않는다. 주고받는 것이 비즈니스다. 무엇을 주고, 무엇을 받을 것인가에 대한 소통 채널을 영업이 담당한다. 영업은 단순히 회사를 대표하는 창구가 아니라, 내외부를 잇는 전략적 소통자다. 그래서 영업인은 세련되고, 섬세하고, 전략적이어야 한다.

이솝우화의 박쥐

어릴 적 읽었던 이솝우화의 박쥐 이야기를 기억하는가? 육상 동물과 조류와의 싸움에서 박쥐는 육상 동물이 유리할 때는 다리가 있다고 육상 동물 편에 서고, 조류가 유리한 형국에는 날개가 있다고 조류의 편에 섰다. 자기가 유리할 때마다 마음대로 편을 바꾸며 이익만 쫓는 사람을 우리는 박쥐 같은 사람이라고 말한다.

앞서 말했듯이, 영업은 고객과 내부의 소통의 채널을 도맡고 있고, 자주 고객의 입장을 대변할 수밖에 없는 숙명을 지니고 있다. 이에 내부 조직원들은 마치 영업을 이솝우화의 박쥐를 보듯, 같은 회사의 영업사원들이 고객에 입장에서만 생각하고 타 부서에 일을 시킨다고 느끼는 경우도 더러 있는 듯하다.

반대로, 고객의 입장에서는 영업 담당자에게 본인들의 입장을 상세하게 말했고, 긍정적인 답을 기다린다. 하지만 영업은 본인이 속한 회사를 대변하기에 고객들은 항상 만족스러운 답을 얻지 못한다. 영업은 박쥐처럼 내부와 외부 어디서도 환영받지 못하는 상황에 봉착하는 경우가 종종 발생한다. 의도하지 않게 내가 하는 업무의 이해관계자들에게 비난을 받고, 업무적으로도 교착 상태에 빠진 순간들이 종종 있었고, 이런 일들이 스트레스와 일에 대한 회의감으로 다가온 경험이 있었다.

영업인은 이런 상황을 슬기롭게 극복해야 한다. 내가 가진 기준은 분명했다. 나는 회사에 속한 사람이고, 모든 가치 판단의 기준은 내가 속한 조직의 이익이다. 어떠한 경우라도 조직의 이익에 반하는 소통을 하지 않았고, 주어진 상황에서 최선을 추구하기 위해 많은 활동을 하고 있다.

이렇게 생각하면 내부의 비난에 대해서는 의연해진다. 영업이 감당해야 할 비난이라면 감당한다는 생각으로 일한다. 우화 속 박쥐처럼 기회주의자가 되어서는 안 된다. 나는 같은 박쥐지만, 어둠 속에서 책임을 짊어지는 배트맨이고자 했다. 스스로를 고담시를 구하기 위해 고군분투하는 배트맨이라고 생각하며 웃은 적이 있다. 야근을 하고 차까지 걸어가는 어두운 길에, 가로등이 내 모습을 비춰 그림자가 길게 생길 때면, 배트맨을 생각했던 그때가 떠오른다.

알파와 오메가

알파와 오메가는 "처음이요 마지막"이라는 뜻이다. 이 단어는 《성경》의 〈요한계시록〉 1장 8절에서 찾을 수 있다.

"주 하나님이 이르시되 나는 알파와 오메가라 이제도 있고 전에도 있었고 장차 올 자요 전능한 자라 하시더라."

왜 이 구절을 이야기할까? 영업의 본질은 처음과 마지막이기 때문이다. 국민의 안전을 책임지는 소방관이나, 군의 공병대와 같은 곳에서 'First In, Last Out'이라는 구호를 가지고 임무를 수행한다. 영업 또한 'First In, Last Out'을 하고 있고, 항시 이를 염두해서 업무에 임하여야 한다.

초기 특정 업무나 프로젝트는 항상 영업이 먼저 문을 연다. 이 사업에 진입 가능성이 있는지, 경쟁사는 누가 있는지, 경쟁사의 업계 위치는 어떻게 되는지를 파악하고, 사업성이 있는지를 면밀히 분석해서 내부 의사결정을 받는 과정을 거친다. 특정 영역에 진입하기 위해서는 초기에 큰 집중력이 필요하다. 그를 통해 고객사로부터 오더라는 주문을 받는다. 이 행위를 '수주'라고 한다.

모든 비즈니스의 끝은 아름다워야 한다. 통상 계약서는 발주자가 계약서에서 명시하고 있는 기한까지 물품을 공급받는 일체의 과정에 대해 세세하게 정의를 하고 있다. 각 과정별로 상호간 이행해야 될 사항에 대해서도 규정하고 있다. 영업은 모든 계약이 종료될 때까지 생산 과정 상의 모든 이슈, 품질 보증, A/S까지의 특정 프로젝트의 전체 라이프 사이클에서 일어나는 모든 일에 대해서 책임이 있다.

수주만 한다고 해서 끝이 아니다. 특히 자동차 산업의 경우 자동차가 생산이 종료된 이후에도 장기간 A/S용 부품 공급을 해야 되기에 굉장히 긴 호흡으로 업무가 수행되기에 더욱 중요하다.

영업의 일은 긴 호흡으로 이루어져 있다. 100미터 달리기와 같은 전속력 달리기의 순간도 있겠지만, 100미터 결승점은 최종 목적지가 아님을 인지해야 한다. 보다 시선을 멀리 가져가야 한다. 방금 전의 스프린트는 긴 레이스의 인터벌 구간이었음을 알고, 영업의 목표는 완주에 있음을 알아야 한다.

방향 안에서 살아가기

출퇴근을 하면서 라디오처럼 유튜브를 틀어 놓고 듣는데, 유명 운동 유튜버가 한 말이 기억난다. "방향성이 정해졌으면 항상 그 과정 안에 있어야 한다. 과정 안에서 계속 방향성을 잡고 멈추지 말고 가야 한다. 조금 더 강하게, 더 강한 방향을 인위적으로라도 계속 추구해야 한다. 강함을 추구하는 흐름 속에서 노력하고 살아야 한다."

15년간 회사 생활을 하면서, 단편적인 일만 수행하고 스스로 선을 긋는 사람들이 있다. 그런 단조로운 삶에서 벗어나 강하게 성장을 추구해야 한다. 처음부터 끝까지 성장이라는 방향성을 설정하고, 그 과정 안에서 긴 호흡으로 목표를 향해 달린 사람들의 업무 성과나 평판 등 모든 것에서 더 나은 결과를 만든다.

최근 우려되는 사항은 본연의 업무, 즉 맡은 일만 하면 된다는 환상이다. 영업은 명확한 미션이 있고, 그 미션을 달성하기 위해 무엇이든 하는 곳이다. 영업은 결과를 만들어 내는 책임의 자리다. 본연의 업무도 중요하지만, 그 이상의 목표를 향해 늘 같은 방향 안에서 존재해야 한다.

색깔 있는 사람이 되자

사람에게는 저마다의 색깔, 즉 고유한 정체성이 필요하다. 그것은 한 사람을 대표하는 향기이자 기운이며, 그 사람만의 고유한 모습이다.

자신의 색깔을 형성하기 위해서는 두 가지가 중요하다. 첫째, 자신의 장점과 단점을 명확히 아는 것이다. 둘째, 자기 객관화를 통해 이상적인 모습에 한 걸음씩 다가가는 것이다. 이 과정에서 삶의 나침반이 되어 줄 롤 모델을 찾는 것도 큰 도움이 된다.

올바른 롤 모델과 자기 객관화가 뒷받침된다면, 자신만의 색깔을 세우는 일은 훨씬 수월해진다. 색깔이 중요한 이유는 그것이 곧 업무를 대하는 가치관이자 비전이 되기 때문이다. 설사 지금은 부족하더라도, 분명한 색깔을 가진 사람은 역경과 유혹 속에서도 흔들리지 않고 나아갈 힘을 얻게 된다.

태도는 습관이 되고, 습관은 인격을 만든다. 결국 긍정적인 색깔을 만들기 위한 꾸준한 노력이야말로 영업인으로서 내실을 다지는 길이다.

내가 가진 색깔을 한마디로 정의할 수는 없겠지만 여러 색을 조합해서 새로운 색상을 만든다면 다음과 같다.

    정직, 겸손, 우직함, 도전적, 꼼꼼함, 전략적, 건강한 신체

  사람 자체가 좀 단단하면서 우직하고 끈기 있게 일을 하고 계획성도 있고, 그것이 전략적이며, 조직에 충성하는 그런 모습이 내가 바라는 나의 색깔이다. 이 일곱 가지 색깔이 내가 쓴 글이나 나를 보는 사람들이 느낄 수 있을까에 대한 궁금증은 늘 갖고 있다. 물론 타인의 시선에 일희일비하지는 않지만, 내가 추구하고자 하는 색깔답게 살아가고자 하는 바람은 늘 존재한다.

  내가 불편하게 생각하는 사람은 회색 인간이다. 일에 대해서 무색무취하게 자발적으로 나서지도 않고, 주어진 일도 줄이려고 하고, 뒤에서 불평불만을 하는 사람들이다. 모든 색을 다 섞으면 어두운 회색이 된다고 한다. 영업인에서는 에너지가 느껴지는 강렬한 색이 있어야 되지 않을까 생각한다. 영업인은 회색을 지양해야 한다.

  색깔과는 관련 없지만, 영업의 정체성을 나타내는 한 가지 중요 요소를 이야기하자면 바로 '옷'이다. 최근에 많은 기업에서 자율 복장을 채택하고 있고, 내가 속한 회사에서도 자율 복장으로 전환을 했다. 편하게 옷을 입고 있지만 시각적인 색깔을 구성하는 중요 요소가 옷이기에 영업인의 옷은 달라야 된다고 생각한다.

옷은 언어, 매너, 유머감각과 마찬가지로 사회적인 도구이다. 무조건적인 정장과 셔츠, 구두를 말하는 것이 아니다. 정돈된 머리, 구김 없는 옷, 깨끗한 신발, 언제든 고객과 미팅이 가능한 상식선에서 깔끔한 복장을 의미한다. 최근 나도 셔츠를 입어 본 지 오래된 것 같다. 정장을 입더라도 넥타이를 하지 않는 경우가 많았다. 하지만 나의 정체성이 영업이라서 그런지 내 가방에는 항상 넥타이가 들어 있다.

색깔 있는 사람이 되기 위해 자신을 잘 알고, 롤 모델을 정해 따라가며, 자신의 색깔답게 살아가야 한다. 그 바탕에 깔끔한 전투복인 옷을 입었을 때 우리의 색깔은 좀 더 짙어진다.

스프레차투라(Sprezzatura)

위에서 옷 이야기를 잠시 했는데, 조금만 더 이어가 보겠다. 평소 포멀한 옷에 관심이 많은 편이라, TV나 여러 매체에서 남자 연예인의 포멀한 옷차림은 눈여겨보고 있다. 최근 넥타이를 맬 때, 넥타이 뒷면의 좁은 부분이 앞의 두꺼운 부분 보다 더 길게 매는 사람들이 늘어남을 발견했다. 누군가 왜 이렇게 넥타이의 뒤를 길게 늘여 매냐는 문의에 "스프레차투라"라고 답하는 것을 보았다.

이 단어의 기원이 된 도서는 이탈리아 사람인 발데사르 카스틸리오네라는 귀족이 1,500년경 집필한 《궁정론》이다. 그는 이상적인 궁정인의 덕목 중 하나로 "스프레차투라"를 강조했는데, 이는 겉으로는 자연스러워 보이지만, 사실은 세련된 교양과 신중한 계산이 담긴 태도를 뜻한다.

이에 대한 정의를 Chat GPT를 통해서 알아보자. "겉보기에는 아무런 노력도 들이지 않은 듯 자연스럽고 여유롭게 보이지만, 실제로는 그 뒤에 많은 노력과 훈련이 숨어 있는 세련된 무심함, 또는 우아한 태연함."이라고 정의한다. 진정한 예술은 정작 예술처럼 보이지 않는 것과 같은 의미이다. 패션으로 치면 매우 정성을 들였으나 타인에게는 꾸민 듯 꾸미지 않은 모습으로 보이는 경지를 말한다. 또는 피아니스트가 어려운 곡을 아주 쉽게 연주하는 듯한 모습이랄까?

영업 업무에서도 스프레차투라의 태도가 중요하다. 업무에 있어 많은 준비를 했지만 노력이나 긴장을 드러내지 않는 자연스러움이 중요하다. 최선을 다한 내용이지만 겸손하고 편안하게 느껴지면서 동시에 허둥대지 않는 당당함이 존재해야 한다. 이것이 영업인이 가져야 할 여유가 아닐까?

곽동일 작가의 저서인 《어울림과 아우름》에서는 여유를 이렇게 정의하고 있다. 여유로우려면 느긋해야 한다. 느긋함의 다음 단계는 차분함이다. 차분함이 이어지면 대범해진다. 여유를 찾는 가장 좋은 방법은 바로 실력을 갖는 것이다. 조급함은 내가 가진 실력의 부족에서 오는지도 모른다. 실력은 지난한 과정이 필요하다. 실력을 쌓기 위한 과정은 늘 필요하다.

결국 스프레차투라와 같은 신뢰와 여유, 품격을 동시에 전달하기 위해서는 업무에 대한 내공, 다시 말해 실력을 다져야 한다.

협업력, 영업은 혼자 하는 일이 아니다

나는 제조업에서 영업을 하고 있다. 당연히 내가 담당하는 제품은 유형의 제품인 경우가 많고, 제품이 만들어지기까지의 공정 과정이 존재한다. 때문에, 영업 업무를 하기 위해서는 영업 혼자서 할 수 있는 일이 제한적일 수밖에 없다. 이에 모든 영업 활동에는 많은 분야의 사람들과 협업이 필수적이며, 협업을 어떻게 하는가에 따라, 영업의 성공과 실패가 갈라진다고 할 수 있다. 여러 자기 계발서, 성공한 비즈니스맨의 자서전, 처세술 관련된 책에서 좋은 사례들이 많이 있으나, 여기서는 내가 생각하는 협업의 기술을 한번 언급해 보겠다.

첫 번째는 공유의 중요성이다. 어떤 일을 시작할 때, 이 일을 왜 해야 하는가? 어떤 목적으로 해야 되는가? 내가 가진 정보는 무엇인가에 대해서 솔직히 공유해야 한다. 속내를 숨기거나 정보를 제한적으로 공유하고 일을 시작하는 것은 지양해야 된다. 협업하는 구성원 모두에게 있는 사실 그대로 공유하는 것이 협업의 첫 번째 성공요소이다.

관리적인 부분의 공유도 중요하다. 각각의 전문가들이 전문적인 영역의 일을 수행하고 있기에, 영업에서는 내부적으로는 누가 어디까지 업무를 수행하고 있고, 일정이 누락되지는 않은지 살피고, 추가적으로 필요한 사항을 확인해 달라고 요청한다. 이런 업무를 공유하고 공론화할 수 있는 자리를 상시 마련하는 것이 중요하다. 회의에서는 당연히 영업에서는 대외적인 상황에서도 추가된 정보를 상시 공유해서, 앞서 공유한 내용에 대한 공감이나 세부적인 업무의 방향성 수정도 이루어져야 한다.

내가 다니는 회사에서는 LINC(Leaders In Communication Room)이라는 협업 공간을 별도 운영하고 있으며, 프로젝트 단위로 모든 기능이 한 공간씩 자리를 마련해서 업무하고 있다. 매일 아침 간단하게 서서 회의를 진행하며, 상황판에 공유할 내용이나 중요한 일정 등을 서로 논의하고 실시간 소통하며 시너지를 내기 위해서 노력하고 있다. 이런 공유 또한 협업력을 키우는 방법이다.

두 번째는 공감이다. 일을 시작하는 배경과 목적을 공유하고, 가진 정보를 전달해야 한다. 이를 통해 구성원들 간 공통된 목표에 대한 공감을 이끌어낸다. 공유는 소위 'One way communication'이다. 일방통행의 정보 전달은 큰 효과를 발휘하지 못한다. 물론 쌍방 간의 공유도 있겠지만, 대게 일을 시작하려는 쪽에서의 일방적인 공유가 많다. 이에 양방의 공유, 'Two way communication'이 되기 위해서 공유 이후의 공감이 중요하다. 공감은 구성원 모두가 일에 대한 방향성을 일치시키는 행위다. 물론 이 과정에서 일을 바라보는 눈높이에 대한 수정도 필수적이다.

세 번째는 세부 사항의 정의이다. 목표만 바라보고 무리한 일정이나 세부 목표를 설정하면 양질의 협업을 이끌기 어렵다. 여러 조직이 연관된 업무는 단순히 한 부서에서 다른 부서로 '밀어내기식'으로 이어지는 경우가 아니라, 복합적으로 맞물려 있는 경우가 많다. 따라서 업무의 선후 관계를 정확히 파악하고, 병목이 최소화되도록 일정을 수립하는 것이 중요하다.

수행해야 할 각각의 업무를 구체적으로 정의하는 것은 매우 중요하다. 우리는 돈을 받고 일하는 전문가이기 때문에 세부 사항까지 인지하고 있는 경우가 많다. 하지만 복합적인 업무에서는 큰 틀만 알고, 세부 목표나 일정이 명확히 정의되지 않을 때가 많다. 세부 업무를 정확히 파악하면, 문제가 발생했을 때 원인을 규명하고 대응하기가 훨씬 수월하다.

마지막으로는 Lessens & Learned다. 협업에 최선을 다한 후, 협업의 목표가 수주였고, 수주를 했을 경우, 성공 요인을 필수적으로 분석해야 한다. 어떤 면에서는 실패 요인보다, 성공 요인이 더 중요한 경우도 있다. 실패했을 경우도 분석해서 답습하기 않기 위한 자료를 만들어 두는 것도 중요하다. 결과와 무관하게 서로의 노력과 공로를 치하하는 간단한 회식자리를 갖는 것도 차후의 협업을 위한 중요한 사항이라 할 수 있겠다.

수주 이전의 협업은 영업에서 전체 총괄하는 경우가 많기에 수주를 위한 협업체의 PM(Project Manager)은 영업이다. 영업 담당자는 단순하게 수주를 위한 가격 견적을 만들어 제출하는 일로 본인의 일을 국한하면 안 된다. 전략 수립부터 설계, 제조 등 모든 부분의 협업을 위한 PM 업무 수행을 할 수 있는 능력과 마음가짐이 필요하다.

무엇을 줄 수 있는가?

세상에 공짜 점심은 없다는 말처럼, 영업의 본질도 분명하다. 영업은 무엇인가를 판매하는 행위이며, 여기에는 반드시 상대가 존재해야 한다. 판매자와 구매자 간의 주고받음이 이루어지고, 상호 이익이 발생하는 WIN-WIN 구조가 필수적이다. 그렇지 않고서는 상생의 관계가 지속되지 않는다.

영업인은 고객에게 가치 있는 유·무형의 상품을 제공해야 한다. 새로운 기술이든, 낮은 가격이든, 참신한 아이디어든, 기존 경쟁사가 제공하는 동일한 가치만으로는 경쟁 우위를 확보할 수 없다. 따라서 항상 무엇을 주고 무엇을 얻을 것인지에 대해 심도 있는 고민이 필요하다. 자동차 업계처럼 수직적인 구조에서는 인풋과 아웃풋이 정확히 일치하지 않을 수 있다. 때로는 100을 주고 50만 얻거나, 아이디어만 유출될 위험도 있지만, 인풋 없이는 아웃풋도 없기에 원하는 것을 얻기 위해 무엇을 주고받을지 생각해야 한다.

또한 영업은 고객의 현재 필요와 가까운 시일 내 변화, 시장 상황을 면밀히 살펴야 한다. 내부적으로 관련 기술 개발의 필요성을 제시하며, 고객에게 제공할 수 있는 '카드'를 만들어야 하고, 그 카드가 실제로 활용될 수 있도록 방향성을 지속 확인해야 한다. 실무적으로는 실수 없는 양질의 자료 제공이 가장 먼저 제공할 수 있는 가치이며, 이를 통해 고객 신뢰를 쌓으면 회사에 도움이 되는 정보와 기회를 얻을 수 있다.

제조업에서는 문제를 해결할 때 기술적 접근에만 의존하는 경우가 많다. 하지만 영업은 고객과 자주 소통하기 때문에, 그들의 심리와 행동을 이해하는 것이 필수적이다. 고객이 느끼는 불편이나 불만을 단순히 기술적인 관점에서가 아니라, 감정과 경험을 고려하여 접근하고, 고객의 심리적 요구를 이해해야 한다. 이를 바탕으로 전략을 수립하는 것이 바로 영업의 영역이다.

결국, 고객에 대한 깊은 이해를 기반으로 무엇을 제공할 수 있는지, 어떤 가치를 창출할 수 있는지를 고민하고 실행하는 과정이 영업인의 지속적인 과제이며, 회사와 고객 모두에게 의미 있는 성과를 만들어 낸다.

최선, 할 수 있는 모든 것

영업 일을 하다 보면, 인력으로 할 수 있는 최선을 다하고, 결과를 기다려야 되는 순간이 있다. 특히 입찰 업무가 그렇다. 물론 정보의 비대칭성으로, '이 정도면 성공하겠지.'라는 견적이 최선이 아니었던 순간도 있었지만 말이다.

수주나 특정 프로젝트 대응을 한다는 것은 긴 호흡으로 진행되는 일이다. 협업체를 구성해서 전략 수립, 콘셉트 도출, 설계 사양 정의, 원가 절감안 도출, 각종 제안서 작성 등 내부의사 결정과정을 거쳐 최종 견적을 내는 일련의 과정을 거친다. 나는 제출 후 더 이상 수주를 위해서 무엇인가 할 수 없고 결과를 기다리는 순간이 늘 두렵다.

두려움은 불확실성에서 시작한다. 동료와 스스로를 믿고 나아가지만, 같이 고생한 많은 동료들에게 면목이 없을까 두렵고, 연초 세웠던 계획, 공장의 미래 매출이 없어질까 겁이 난다. 물량이 줄어 생산하시는 분의 일자리가 없어지지 않을지, 회사의 성장 동력이 주춤하지 않을지 무섭다. 각종 협의체에서 진행 상황을 공유하면서 했던 말을 지키지 못해, 개인적인 신뢰도 잃을까 몸서리치게 불안하다.

나의 패는 무엇인지 보이게 밑에 깔려 있고, 경쟁사의 패는 보이지 않는다. 마지막 딜러의 히든카드가 나올 때, 제발 원하는 좋은 결과가 나오기만을 모든 염원을 바라고 있는 순간이 위와 같은 상황일 것이다.

이럴 때 나는, 내가 할 수 있는 최선을 다한다. 보잘것없어 보여도, 새로운 아이템 첫 입찰 때 모든 자료를 제출하고 한라산에 혼자 올라 산기도를 드린 적이 있다. 정상을 향해 오르면서 구체적인 대상을 특정하지는 않았지만, 그 기도가 닿기를 바라며 수주 성공을 간절히 기원했다. 그리고 기적처럼 수주가 이루어졌다.

그 후, 매주 토요일 아침이면 산에 올라, 누군가 쌓아 둔 돌탑 위에 돌을 하나 올리며, 업무적으로 바라는 일이 잘 되기를, 내가 속한 조직에 평안과 안녕이 깃들기를 기원한다.

간절히 바라는 일이 있다면, 이루기까지 최선을 다하고, 남은 것은 하늘에 맡긴다. 하늘에 맡기고 결과를 당당하게 받아들일 수 있을 때, 두려움은 자신감으로 바뀐다.

3
영업의 비전

나의 Vision은?

"Almost always, the creative dedicated minority has made the world better."

- Martin Luther King, Jr -

'I have a dream.'이라는 명연설로 유명한 흑인 인권운동을 이끌었던 마틴 루터 킹 목사의 말이다. "거의 항상 창의적이고 헌신적인 소수가 세상을 더 나은 곳으로 만들었습니다."라고 해석할 수 있겠다. 나는 이 문장을 전 회사 선박 영업을 하고 있던 시절, 당시 내가 닮고 싶었던 임원분에게 처음 들었다. 그 당시 내게 큰 울림으로 다가왔다. 현재까지도 컴퓨터 메모장이나 휴대폰 메모장에 적어 보관하며, 마음이 흔들릴 때마다 펼쳐서 보고 있다.

내 자신이 어떤 능력 있는 사람이라는 의식이 있어서, 창의적이고, 헌신적인 소수라고 생각하는 것이 아니다. 하지만 영업하는 사람이라면, 내가 하는 모든 행위가 회사를 더 좋은 방향으로 이끄는 일이라고 생각하고 보다 창의적이고 헌신적이어야 한다고 생각한다. 그래서, 이 문장은 나의 업무적 비전이자, 행동의 지침이라고 할 수 있겠다.

내가 정의하는 영업이란

나는 영업은 "철학이다."라고 정의하고 싶다. 서울대학교 철학과 홈페이지에 적힌 소개에 보면 철학을 세계와 인간에 대한 가장 근본적 문제들을 이성적으로 탐구하는 학문이라고 기재되어 있다. 또한, 각 분야에서 제기되는 문제들에 대한 해답을 찾고자 하고, 답을 찾는 통찰력, 설득력을 갖고, 사유를 전개하는 과정이라고 기술되어 있다.

영업 또한, 마찬가지로 비즈니스의 시작점이자 끝이며, 사업을 지속 영위하기 위해서 만나는 모든 문제를 해결하기 위한 일련의 과정이라고 생각한다.

영업의 목표는 심플하다. 지속적인 매출과 수익 창출이라는 기본 대명제가 있고, 이를 달성하기 위해서 무엇을 해야 되는지에 대한 물음을 던진다. 그 답을 시대의 흐름 속에서, 경제의 변화 속에서 계속 찾는 과정이지 않을까? 그래서 영업은 철학과 닮아 있다.

영업은 수학적인 공식을 통해, 정답을 찾는 업무는 아니다. 회사의 존속에 최첨병으로, 미래를 예측하고, 주어진 상황, 고객, 경쟁사 등 주변을 살피며, 시시각각 주어지는 문제를 풀어간다고 생각하니, 심장이 두근거리지 않는가? 서두에 말했던, 글을 읽는 분들이 가졌던 영업이라고 떠올리면 생각나는 어떤 모호한 이미지가 조금 더 긍정적인 방향으로 명확해졌기를 바란다.

영업 15년차의 눈높이로 쓴 나의 경력이나 영업인의 태도, 기술 등을 서술하며, 영업 전선에 있거나, 영업이라는 흥미로운 분야에 뛰어들 사람들이 조그마한 도움을 얻기를 바라며 이 글을 마무리한다.

박용우

영업은 항해사다

1. 사회생활의 시작
2. 선배의 길
3. 항해사로서의 영업

1
사회생활의 시작

10여 년 전, 사원으로 회사 입사 시절이 기억이 난다. 출근했을 때 팀장님께서 하신 한마디의 질문이 아직도 선명하게 남아 있다.

"박용우 사원 오늘 출근할 때 뭐 타고 왔어?"

"스쿨버스 타고 왔습니다."

그 대답을 들은 주위에서는 웃음이 터져 나왔고, 이어진 팀장님의 질책은 지금도 기억 속에 선명하다. 사회생활의 시작이니 학생 티를 벗으라는 그 말씀이 여전히 귓가에 맴돈다. 지금은 내가 팀장이 되었지만, 코흘리개 같은 순수한 그때의 그 시절은 가끔 웃음을 짓게 하는 좋은 추억으로 남아 있다.

영업으로의 전환

내가 회사에서 처음으로 맡은 업무는 기획 업무였다. 고객과의 밀착 영업이 아니라 업무를 계획하고, 전반적인 프로세스를 만드는 등의 업무가 시작이었다. 물론 지금 생각해 보면 크게 어렵다고 느끼지는 않지만 그때는 왜 그렇게 일이 어려웠는지 모르겠다.

회사에 들어가서 정신없이 적응하고 있을 무렵, 스스로에 대한 SWOT 분석(Strength, Weakness, Opportunity, Threat/강점, 약점, 기회, 위협)을 해 보라는 팀장님의 지시사항이 내 첫 업무였다. 인터넷도 찾아보고, 선배들에게도 물어보고, 책까지 찾아가며 나름의 분석 자료를 만들어 제출했지만 돌아온 피드백은 "초등학생도 너보다 잘 만들겠다."라는 날카로운 한마디였다.

기획 업무는 나와 맞지 않았고 점점 자괴감이 쌓여 가던 그 무렵, 고객 대응 영업으로 이동하게 되었다. 내가 생각했던 영업의 시작이었다. 처음엔 낯설고 두려웠지만, 동시에 새로운 기회가 될 수 있다는 기대도 있었다. 고객을 만나고, 협상하며, 문제를 해결하는 과정에서 이전에 느껴 보지 못했던 긴장감과 성취감을 맛보았다. 그 순간은 단순한 보직 변경이 아니라, 나 자신을 다시 세우게 만든 진정한 전환점이 되었다.

영업의 바다로 뛰어들다

본격적인 영업 업무의 시작은 개발 프로세스 상의 가장 앞단에서 이루어지고 있는 '시작' 업무였다. 양산되는 제품을 만들기 위해 프로토타입의 제품을 만드는 일을 맡았다. 처음에는 사수가 알려 주는 업무에 대해 습득하기 바빴던 시절이었다.

내가 처음 만난 사수는 굉장히 꼼꼼하게 일을 가르쳐 주었다. "오늘은 목업 비용 관련 견적서 만들어 봐. 일주일에 뒤에 같이 보자." 3일 뒤에는 "어느 정도 진행되었어?"라고 반드시 확인을 했다. 업무를 진행하는 전체의 과정과 구성에 대해 배웠고 그중에서 가장 쉬운 부분인 견적서를 만들어 보고 피드백을 받았었다.

그다음에는 개발비 업무에 대한 정의를 배웠었다. 개발비의 항목에는 금형, 검사구, 지그가 있고, 금형은 제품을 생산하기 위한 치형구라고 설명했다. 붕어빵의 틀로 예를 들어 설명해 주었다. 금형비를 회수하기 위해 증빙 작업을 해야 하는 업무를 추가적으로 배웠다. 금형 도면을 통해 금형의 구성에 대해 배우고, 도면과 비교하며 증빙 자료들을 만드는 일들이 주를 이루었다. 도면상에 노즐들의 형상을 살펴보고 수량을 측정을 하고 그 외의 슬라이드 코어 인 코어 등 별도의 코어들에 대한 증빙 작업을 진행했다.

처음에는 모든 게 어렵고 이해도 잘 되지 않았던 것 같다. 시간이 해결해 줄 것이라는 믿음으로 열심히 배웠다. 내가 하는 일이 어떻게 연결되는지 이해하고자 했고, 내가 만든 자료로 회사에 도움을 줄 수 있다는 사실을 눈앞에서 느끼는 시간이었다.

제품에 대해 이해도 높아졌다. 일반적으로 플라스틱 제품을 하나 만들기 위해 많은 공정이 있어야 하고, 많은 도구들이 필요하다는 사실을 배웠다. 일반적인 컵 하나 쉽게 만들어지지 않으며, 각 공정마다 세심한 설계와 검증이 필요하다는 것을 깨달았다. 금형이 제작되는 과정, 지그로 그 과정을 돕고, 검사구로 최종 품질을 확인한다. 공장 내에서의 조립 라인을 최적화해서 생산하는 등의 수많은 단계가 제품 하나에 담겨 있다는 사실을 직접 경험하면서, 내가 담당하는 업무가 단순한 서류 작업이 아니라 실제 생산과 품질에 직결된다는 점을 이해하게 되었다.

그렇게 개발비 업무를 한 지 1년이 지났다. 사수가 1년 동안 가르쳐 줬던 것을 설명해 보라고 하며, "상대방에게 설명을 할 수 없으면, 그건 알고 있는 것이 아니다."라고 이야기를 했다. 내가 하고 있는 업무를 체득하고 있는지 확인하는 듯했다. 그런 사수가 있었던 덕분에 빠르게 업무에 적응하고, 일을 터득해 나갔다.

그 당시에는 하루에 12시간 이상 근무를 하며 열심히 일했다. 신입이라면 열정적으로 시간을 투자해야 한다고 생각했다. 신입은 아직 아무것도 모르는 존재다. 무언가를 믿고 맡길 대상이 아직 아니라는 말이다. 나는 신입의 시간에서 벗어나고 싶었고, 빨리 1인분의 몫을 하고자 노력했다. 내가 받는 월급 값을 하고자 했었고, 그를 위해 최선을 다했다.

2년차에 접어들면서 상용 차종을 혼자 담당하게 되었다. 상용 업무를 진행하며 자신감이 많이 생겼다. 혼자 고객 대응을 시작하고, 자료를 만들며 업무를 했고, 혼자서도 잘 해낼 수 있다는 생각이 들었다.

처음으로 스스로 자료를 준비하며 고객과 협상까지 마무리했다. 상용 프로젝트에 최초로 진행하는 큰 프로젝트였다. 아직도 그때의 금액이 생생하게 기억이 날 정도로 그 당시의 내게는 큰 업무였다. 물론 그 과정이 힘들기도 했지만 보람찼고, 고객의 상황을 이해하고 접근할 수 있는 프로젝트였다. 다양한 측면에서 고객의 환경을 이해하기 좋은 프로젝트였다. 어려운 덕분에 성장을 빠르게 할 수 있었다.

개발비 업무를 통해 배운 것들

3년의 시간 동안 개발비 업무를 하면서 배운 점이 몇 가지 있다.

첫째, 공부가 필요하다. 고객과 협상하려면 반드시 '아는 것'이 있어야 한다. 전문가가 되지 않으면 설명도, 판매도 불가능하다. 그래서 업무의 역사를 이해하려 노력했다. 여기서 말하는 역사는 고조선 이야기가 아니라, 업무가 지금에 이르기까지 어떤 과정을 거쳐 왔는지를 아는 것이다. 선배들에게 물어보고, 담당 제품에 대해 철저히 파악하며 준비했다. 협상 과정에서 과거 이력은 큰 도움이 된다. 직접 경험이 가장 좋겠지만, 간접적으로라도 경험할 수 있으면 해야 한다.

과거의 이력이나, 자료 준비에 대해 스스로 찾아 배우는 습관을 들이면 단기간에도 업무를 수행할 수 있다. 그래서 영업인은 무엇보다 많이 물어야 한다. 선배들에게 묻고, 책에 묻고, 다른 팀에 묻고, 현장에 물어야 한다. 그렇게 공부된 영업인만이 살아남을 수 있다는 사실을 배웠다.

둘째, 전체를 보는 시각이 필요하다. 아무것도 모르고 업무에 바로 투입되면 숲이 아닌 나무만 보게 된다. 출발지를 정한 뒤에야 올바른 길을 걸을 수 있듯, 먼저 큰 그림을 보는 훈련이 중요하다. 단순히 주어진 일에 매몰되기보다 사양별 투자비, 구성요소 데이터를 확인하며 전체 구조를 파악해야 한다.

결국 영업의 역할은 눈앞의 일만 처리하는 것이 아니라, 회사의 전략과 연결된 큰 그림 속에서 방향을 잡는 것이라 생각한다. 이를 위해 내가 하는 일만이 아니라 내 일과 연결되는 일이 무엇인지를 살펴야 한다.

물론 처음에는 전체성을 얻기 어렵다. 이때는 나무를 잘 살펴야 한다. 지금 내 눈앞에 있는 나무들이 모여 숲을 이루기 때문에, 현재 눈앞의 업무에 최선을 다해야 한다. 작은 일, 사소한 일에도 정성을 쏟아야 한다.

셋째, 관계의 힘이다. 영업은 결코 혼자 할 수 있는 일이 아니다. 디자인팀에서 디자인을 확정하고, 설계팀에서 제품 정보를 만들며, 생산팀이 금형과 공정을 준비한다. 영업은 이 모든 과정에서 데이터를 제공받고 협업해야 한다. 영업은 사람 사이에서 만들어지는 결과물로 일을 한다. 나는 영업을 하며 함께의 가치를 배웠고, 인생 또한 혼자가 아닌 함께 가는 여정임을 다시 느꼈다.

인생은 홀로 살아갈 수 없다는 사실을 영업을 하며 많이 배운다. 사람으로 이루어진 조직에서 많은 사람들의 도움을 많이 받아야 한다. 영업은 단순한 숫자 관리가 아니라, 공부, 전체성, 관계라는 세 가지 축이 함께 만들어 내는 결과물이다. 이때 배운 습관과 태도가 지금의 영업 방식에도 그대로 이어지고 있다.

성장의 시간

조금씩 회사에 익숙해지면서 영업 업무에 대한 이해도 넓어졌다. 그 과정에서 사원으로서 갖추어야 할 태도 역시 체계적으로 배울 수 있었다. 좋은 사수를 만난 덕분에 업무에 큰 도움을 얻었다. 어떤 일이든 사람과의 관계가 바탕이 된다.

모르면 담당자를 직접 찾아가 배우는 습관을 들였고, 비록 사소해 보이는 업무라도 여러 방향으로 파급되어 중요한 요인으로 작용할 수 있다는 점을 고민하기 시작했다. 또한 '왜 이 일을 해야 하는가?'라는 질문부터 던지는 습관을 기른 것이 나의 중요한 성장 포인트가 되었다.

사원 3년차에 접어들면서 후배 사원이 입사를 하게 되었다. 그 무렵 사수가 이직을 하게 되었고 나 혼자 남았다. 사수가 가르쳐 준 방법을 그대로 후배에게 가르쳐 줬다. 그 당시 후배를 가르치면서 많은 것을 느꼈다. 왜 사수가 그 방식으로 알려줬고, 그 방법과 물려준 습관들이 얼마나 중요한 것인지 깨달을 수 있었다.

후배에게 업무를 알려 줌에 있어서 후배가 궁금해하는 부분들에 대해 미처 내가 답변을 못할 경우에는 유관 부분에 연락해서 학습하고 알려 주던 부분들이 스스로의 성장에 가장 큰 주요 원인이 되지 않았나 생각한다. 가르쳐 주면서 배운다는 말을 체감하며 나도, 후배도 함께 성장하는 시간이었다.

인간관계의 기술

인간관계가 중요하다는 사실을 배우고 나서 여러 가지 방법을 찾아보았다. 그중에서 인간관계의 바이블이라고 불리는《데일 카네기의 인간관계론》을 찾아보았다.《데일 카네기의 인간관계론》은 100년 전에 쓰인 책으로, 출간 이후 6천만 부 이상 판매된 스테디셀러 책이다.

인간관계론 첫 장에는 3가지 철칙이 있다.

첫째, 비판하거나, 비난하거나, 불평하지 말라. "비판이란 마치 전서구와 같다. 항상 자신에게 되돌아오기 마련이기 때문이다."라는 문장이 기억이 남는다. 스스로 조금 부족한 부분이라는 생각이 든다. 누군가를 비판하거나 비난한 적은 없는지를 돌아본다. 요즘은 이 말을 항상 마음속으로 다짐하며 일한다.

영업은 다양한 부서와 함께 일한다. 많은 부서의 도움이 필요하다. 물론 각 부서도 바쁘고, 담당별 업무의 숙련도에 차이가 있기 마련이다. 타부서에서의 중요도가 차이가 있기에 일하는 방식은 차이가 날 수 있다. 하지만 그런 이유로 비판을 할 이유는 없다. 자료가 오지 않거나 협조가 되지 않아 답답해할 수는 있지만 그 또한 감당해야 할 영업 담당자의 몫이다. 이를 막기 위해 일찍 자료를 요청하거나, 소통의 오류가 없도록 자세하게 메일을 쓰는 등의 작업이 필요하다.

비판을 멈추면 스스로를 돌아보게 된다. 그것이 시작이다. 비판을 시작하면 끝없이 남에게서 이유를 찾는다. 나는 그런 비판을 멈추고 나 자신에게서 이유를 찾고자 했다. 좀 더 빨리 메일을 보내고, 꼼꼼하게 설명하며, 필요하다면 직접 찾아가서라도 설명했다. 그런 노력 덕분에 소통의 오류가 줄어들고, 내가 느끼는 답답함이 줄어들었다.

비판은 순간의 감정해소는 가능하지만, 문제 해결로는 연결되지 않는다. 문제를 해결하고자 한다면 비판을 멈추고 직접 움직이는 수밖에 없다.

둘째, 솔직하게, 진심으로 인정하고 칭찬하라. 칭찬은 단순한 말이 아니라, 상대방의 입장에서 먼저 이해하고 공감하려는 노력에서 시작된다. 진심 어린 인정은 마음을 열게 만들고, 그 순간부터 관계는 한층 가까워진다. 제조업의 특성상 인정과 칭찬이 박하다. 이런 딱딱한 문화를 바꾸고 싶었기에 내가 먼저 후배들을 인정하고 칭찬하고자 했다.

작은 칭찬이 큰 변화를 만든다는 사실을 깨달았다. 한마디의 인정이 후배들에게는 자신감을 심어 주었고, 더 적극적으로 일에 몰입하게 했다. 때로는 결과보다 과정에서의 노력을 칭찬하는 것이 더 큰 힘이 되기도 했다. 조직은 결국 사람으로 이루어진 만큼, 인정과 칭찬의 문화가 자리 잡을 때 팀 전체의 에너지가 달라진다. 그래서 나는 지금도 후배들이 성장하는 순간을 발견하면 주저하지 않고 격려한다. 그것이 선배로서 내가 할 수 있는 가장 중요한 역할 중 하나라고 믿기 때문이다.

셋째, 다른 사람에게 열렬한 욕구를 불러일으켜라. 상대방이 스스로 움직이고 싶게 만드는 힘은 영업에서 필요한 자산이다. 상대가 '하고 싶다.'는 마음을 갖게 되면 관계는 자연스럽게 좋아지고, 협업 또한 원활해진다. 고객이나 유관부서 모두 영업의 의도를 이해하고 공감할 때, 회사와 고객 모두에게 Win-Win의 결과를 만들어 낼 수 있다.

상대방의 욕구를 불러일으키는 방법은 '상대의 관점에서 생각하는 것'이다. 역지사지의 자세가 필요한 이유가 바로 이것이다. 타인의 처지를 이해하는 것, 그것이 영업인이 가져야 할 태도이다. 내가 원하는 것을 직접적으로 주장하기보다, 그 사람이 얻고자 하는 가치와 필요를 먼저 이해해야 한다.

영업은 성과를 얻기 위해 일을 한다. 그 성과는 고객의 문제 해결과 만족이라는 매개를 통해서만 얻어진다. 그렇기에 영업인은 늘 질문해야 한다. "고객이 진짜 원하는 것은 무엇인가?", "유관부서가 이 일에서 얻을 수 있는 이익은 무엇인가?" 상대의 욕구를 포착해서 그 사람이 하고자 하도록 만들어야 한다.

이 과정에서 중요한 것은 '진정성'이다. 억지로 설득하거나 눈앞의 이익만을 강조하면, 잠시 마음을 움직일 수는 있어도 오래 가지 않는다. 진심 어린 이해와 공감은 상대방의 마음속에 신뢰라는 씨앗을 심는다. 신뢰는 지속적인 관계와 협업을 가능하게 한다.

2
선배의 길

승진의 기쁨

업무에 몰두하며 지냈고, 순식간에 3년이라는 시간이 흘렀다. 아무 것도 모르던 사원 시절에서 벗어나 승진의 기쁨을 맛보았다. 직장인에게 승진은 남다른 느낌을 준다.

물론 요즘 대리라는 직위가 많이 사라지고, 매니저나 선임 등의 명칭으로 불리고 있지만, 그 당시에는 사원, 대리, 과장의 순서였다. 대리라는 단어는 과장 아래의 직위를 뜻한다. 사전에서 찾아보면 남을 대신하여 일을 처리한다는 뜻이 있다. 즉, 대리라는 직위는 어떤 사람의 일이든 대신해서 처리할 수 있는 위치라는 말이다.

과거 왕이 병이 들어 정사를 돌볼 수 없을 때 세자가 왕 대신 정사를 돌보던 일을 대리청정(代理聽政)이라고 말한다. 다스림의 방법은 청정(聽政)이다. 나라를 다스리기 위한 방법은 듣는 일이다. 대리가 되어서 해야 할 일은 바로 듣는 일(聽)이었다. 선배와 후배의 말에 귀 기울이는 사람이어야 했다. 팀장님이나 선배들의 조언을 잘 듣고 실천하며, 후배들의 어려운 점을 놓치지 않고자 했다. 그것이 중간 역할에 있는 대리가 해야 할 일이라고 생각했다.

대리(代理)란 글자는 말 그대로 대신해서(代) 다스린다(理)는 말이다. 대리에게 필요한 또 다른 능력이 바로 이 '대리력'이다. 과장의 일을 대신할 수 있는 사람이 되어야 했다. 군대에는 대리로 임무를 수행하는 단계가 있다. 중대장이 죽으면 선임소대장이 중대장의 임무를 대신해서 수행한다. 소대장이 죽으면 선임분대장이 소대장 임무를 수행한다. 그래서 선임들은 그 임무가 막중하다. 자신의 일뿐만 아니라 선배의 일까지 알아야 했기 때문이다.

누군가를 대신할 수 있는 사람이 되고자 노력했고, 잘 듣고자 애쓰는 시간이 대리의 시간이었다. 돌아보면 많이 부족했지만 그럼에도 나름 잘 지나온 듯하다.

새로운 도전

대리 2년차 무렵에 영업 직무에 큰 변화가 일어났고, 나는 새로운 도전의 시작을 했다. 기존에 금형 개발비 업무와 제품 가격 업무로 나뉘어져 있던 부분을 통합을 하기 시작했다. 제품 가격을 모르는 상태에서 고객과의 접점 활동에 한계를 느꼈고, 반쪽짜리 영업이라는 주변의 평들이 많았기 때문이었다.

점차적으로 쉬운 제품부터 시작하여 공장의 원 단위로 가격 관리 업무를 통해 가격의 전반적인 흐름을 배웠다. 다양한 차종들의 부품이 변경되는 관리를 통해 기본을 익히고, 영업 업무의 가시적인 성과로 나타나는 제품을 담당했다. 매출이 많은 차종의 수주 활동, 고객사의 기준을 수립을 위한 표준 대응 업무를 통해 업무를 깊게 바라보는 시각을 갖게 되었다. 신규 디자인을 만들어 가고 최고급의 사양이 적용되는 제네시스 차종의 경험을 통해 새로운 경험을 많이 했다.

개발비와 제품비 두 가지를 하면 가질 수 있는 장점은 무궁무진하다. 내가 담당하는 제품이 어떤 방법으로 세상에 나오고, 그 제품이 어떻게 조립되어 하나의 완성품의 되는지에 대한 과정을 전부 알게 되었다. 왼손만 쓰는 사람과 오른손만 쓰는 사람이 있었는데, 양손을 모두 쓸 수 있게 된 과정이라고 할 수 있다.

그 당시 영업 조직의 구성은 사원, 선임이 대부분을 이루고 있었다. 업무의 숙련도가 높지 않았기에 견적을 제출하기 전 서로 피드백을 가지는 시간이 많았다. 내가 하던 개발비 업무는 대부분의 차종을 함께 검토하며 이야기했다. 새롭게 배우는 제품비는 많은 피드백을 받았고, 현장으로 많은 출장을 통해 현실을 반영할 수 있는 기회를 만들었다.

새로운 과정은 언제나 힘들다. 실패를 많이 겪고 어려움을 겪을 수도 있다. 하던 일만 계속하는 사람은 평생 변화 없이 살다가 묘비로 들어가기 마련이다. 미국의 극작가 조지 버나드 쇼의 묘비명에는 '우물쭈물하다 내 이럴 줄 알았지.'라고 쓰여 있다고 한다. 새로운 도전을 하지 않으면 그렇게 아무 글씨 없는 묘비에 묻힐 수밖에 없다.

　우리 회사의 가치 중에 도전이 있다. 도전이란 정면으로 맞서 싸움을 거는 일이다. 나는 어떤 일이든 정면으로 맞서고자 했다. 도전이 있으면 당연히 실패도 있기 마련이다. 실패는 성공의 어머니라고도 하지만 나는 실패를 했기에 더 이상의 최악의 상황은 없다고 받아들인다. 새롭게 올라갈 일만 남아있다. 그러한 마음으로 업무를 임했기에 도전을 피하지 않고 성장하는 기초가 되었다.

　도전(挑戰)의 '도(挑)'는 '돋우다'라는 뜻을 가진다. 도드라지거나 높아지게 한다는 의미다. 그렇다면 무엇을 도드라지게 하는 것일까? 바로 싸움(戰)이다. 전(戰)의 뜻에는 두려움에 떨고 흔들린다는 의미가 담겨 있다. 두려움에 벌벌 떨고, 마음이 흔들리지만, 그 순간을 위로 끌어올려 높아지게 한다. 가장 두려운 순간을 마주해야 한다.

　산꼭대기에 오르는 일은 힘들고 두렵다. 끝까지 오르고 나서 아래를 바라보면, 탁 트인 시야가 주는 감동이 있다. 흔들리면서도 끝까지 올라야 비로소 우리는 새로움을 발견할 수 있다. 그 과정이 도전이다.

　편안한 상태에서 벗어나 흔들리는 상태에 있을 때 성장하는 느낌이 든다. 도전은 단순한 목표 달성이 아니라, 스스로를 시험하고 성장시키는 과정이다. 흔들리고 불안한 순간에도 한 발 한 발 나아갈 때, 우리는 자신이 몰랐던 가능성을 발견하게 된다.

　나는 앞으로도 도전을 선택하며, 그 과정에서 느끼는 두려움과 설렘,

그리고 성장을 삶의 원동력으로 삼고자 한다. 도전을 피하지 않고자 한다. 흔들리며 오르는 매 순간이야말로 진정한 삶의 높이를 만들어 가는 길이다.

선배가 된다는 것

선배가 된다는 것은 한 문장으로 정의해 보자면 "나의 선배들이 만들어 놓은 것을 잘 이어 간다는 마음"으로 정의할 수 있지 않을까? 단순히 후배를 이끄는 역할을 넘어, 내가 받았던 도움과 배움을 다음 세대에게 전해주는 다리와 같은 존재가 되는 것이다. 때문에 선배의 자리는 책임이 따르고, 말 한마디와 행동 하나가 후배들에게 그대로 본보기가 된다. 나 또한 그런 선배가 되고자 노력했고, 누군가에게 의지가 되고 도움이 되는 사람으로 성장하기를 바랐다.

영업직에서 주로 개발비 업무만 5년 정도 진행했다. 이 시절에 후배 사원을 육성하는 방법, 고객과의 관계, 개발과정에서 이루어지는 공장의 환경, 유관 부문과의 관계 등 회사 생활의 전반적인 기초를 모두 다진 시기가 아닌가 싶다. 특히 사수가 사원 3년차 시절에 이직하게 되었고 이때부터 대리 2년차까지 개발비 전체를 담당하게 됨에 따라 많은 역량을 쌓고 성장할 수 있는 시간이었다. 사수 없이 홀로서기가 업무의 성장을 이끄는데 한몫을 했던 것이다.

담당했던 프로젝트의 경우 고객사의 새로운 디자인을 이끌어가는 대표적인 차종들이 많았다. 그에 따라 새로운 부품도 많이 나오게 되면서 시작 단계에서부터 고객이 어떤 변화를 만들어 가는지 이력을 관리하고, 새로운 부품의 특이성을 사전에 파악하여 고객과의 협상에서 사전에 정보를 획득할 수 있었다.

이렇게 업무의 과정을 거치면서 생성된 습관들이 현재의 나에게 많은 영향을 미쳤다. 모든 제품을 생산하기 위한 개발과정에서 발생하는 고객 측면의 이슈, 공장에서 발생하는 이슈들을 확인하고 고객과의 협상에 어떻게 활용하고 설명할지를 고민하는 습관을 갖게 되었다.

나는 업무를 통해 배운 점들을 후배들에게 전하려고 노력했다. 내가 불편했던 부분은 개선하고, 좋았던 부분은 이어가려 했다. 그러나 업무의 기초적인 소양은 결국 스스로 학습해야 한다. 그래야 고객과의 관계 속에서 논리와 단단한 마음을 바탕으로 정답을 만들어갈 수 있다. 언젠가 업무를 하다 보면, 선배나 팀장이 도와줄 수 있는 일에는 한계가 있음을 깨닫게 될 것이다. 그때는 스스로 견뎌 내고 다시 일어설 수 있는 힘이 반드시 필요하다.

가치 판단의 나침반

사이먼 시넥의 《스타트 위드 와이》를 읽어 보면 '골든 서클'이라는 개념이 나온다. 골든 서클은 세 가지의 원으로 이루어져 있다. 최외곽의 원은 WHAT, 중간의 원은 HOW, 제일 안쪽 원은 WHY라는 세 가지 원이 골든 서클이다.

　WHAT(무엇을)에 대해서는 회사 및 조직에서 행하고 있는 '무엇'을 의미하고 있으며, 판매하는 제품이나 서비스가 무엇인지, 체계 안에서 수행하는 직무 기능이 무엇인지를 설명한다. 이는 그리 어렵지 않기 때문에 WHAT을 알아내기는 쉽다.

　물론 지금 내가 무엇을 하고 있는지를 정의하는 일은 중요하다. 지금 내가 영업은 무엇인가에 글을 쓰고 있는 것처럼 자신이 하고 있는 일에 대해 어떤 의미인지, 어떤 일을 하고 있는지를 생각해 보는 일을 해야 한다.

　HOW(어떻게)를 살펴보자. 사람들은 자신들이 찾아낸 '무엇을'에 대하여 '어떻게' 하는지 알고 있다. 이를 '차별화된 가치 제안'이라고 부른다. HOW는 판매하는 제품이 어떻게 다르며 어떤 점에서 더 뛰어난지 보여 준다.

　마지막으로 WHY(왜)를 살펴보자. 사람들은 단순히 WHAT과 HOW만으로는 진정한 동기나 열정을 느끼지 못한다. WHY는 자신이, 혹은 조직이 존재하는 근본 이유와 목적을 의미한다. 즉, '우리는 왜 이 일을 하는가?'에 대한 질문이다.

　영업 업무를 예로 들면, 단순히 제품을 판매하는 것(WHAT)과 경쟁사 대비 차별화된 가치를 제공하는 방법(HOW)만으로는 충분하지 않다. WHY를 이해하고 내재화할 때, 고객에게 단순한 거래 이상의 의미를 전달할 수 있으며, 동료와 조직 안에서도 진정한 몰입과 리더십을 발휘할 수 있다.

결국 골든 서클의 중심인 WHY를 명확히 하는 것이 모든 행동과 의사결정을 이끄는 근본적 원동력이 된다. 내가 무엇을 하는지, 어떻게 하는지 아는 것만으로는 부족하다. WHY를 알고 그 목적과 의미를 진정으로 이해할 때, 영업인으로서의 존재감과 영향력은 한층 강화된다.

이런 점에서는 우리 회사는 어떠한 신념을 가지고 일하며, 조직원에게 이야기하고 있는지에 대한 고민을 최근에 들어 많이 하고 있다.

최근에 신입사원에게 교육을 한 적이 있다. 강사로서 신입사원들의 앞에 섰다. 밝게 빛나는 눈을 가진, 아직 때묻지 않은 신입사원들을 바라보며 내 신입사원 시절이 생각났다. 그 자리에 서 있지만, 나는 과연 어떻게 신입사원 생활을 잘 보냈으며, 회사라는 테두리 안에서 올바르게 일하는 방식이 맞는지를 고민했다. 과연 나는 'Why'에 대한 관점을 가지고 제대로 일하고 있는 것이 맞는지에 대한 고민이었다.

처음에는 주어진 일에 맞게 달려가기 바빴던 시절이 대부분이었다. 하지만 일에 대한 깊은 고민을 하게 됨에 따라 방향성이 보이기 시작했다. 생각하고 움직임이면 가치관이 조정된다는 느낌을 많이 받고 있다.

긍정적으로 일하라

우리 회사의 미션은 "인간제일주의"이다. 개인의 성장을 밑바탕으로 조직의 성장을 이끌어 가고자 하며, 그 방법론으로 끊임없는 학습을 강조한다. 인간제일주의를 이루기 위해 사람은 성장해야 한다.

성장하려면 핵심적인 가치를 내재해야 한다. 회사가 추구하는 핵심 가치는 신뢰, 도전, 겸손이다. 회사 생활을 하다 보면 다양한 사람을 만나게 되는데, 대부분은 이 세 가지 가치 중 적어도 하나를 분명하게 지니고 있다. 이는 누구에게나 장점이 있다는 사실을 보여 준다.

그중에서도 '도전'이라는 가치는 회사에서 "긍정적인 사고로 모든 문제에 적극 참여하고 최선을 다한다."라는 문장으로 정의된다. 일에는 언제나 어려움이 따른다. 그러나 혼자서 짊어지기보다 주변에 도움을 요청하고, 함께 방법을 모색하다 보면 길은 열리기 마련이다. 나는 이러한 과정을 통해 정답은 주어지는 것이 아니라 만들어 가는 것임을 배웠다.

또한 나는 에너지는 전염된다고 믿는다. 부정적인 생각이 모이면 문제 해결은 오히려 멀어진다. 반대로 긍정적인 힘을 가진 사람들이 모이면 밝은 분위기가 형성되고, 서로 지혜를 모아 해답을 찾아낸다. 그래서 나는 지금 이 글을 쓰는 순간에도 스스로 긍정적인 사람이 되기 위해 노력하며, 내가 속한 팀 또한 긍정의 힘으로 가득한 팀이 되도록 애쓰고자 한다.

벤저민 하든의 《퓨처 셀프》라는 책을 읽으면서 관점의 전환이 얼마나 중요한지 새삼 깨달았다. 그는 미래의 내가 타임머신을 타고 오늘로 돌아왔다고 상상하라고 말한다. 그렇게 현재를 바라보면, 매일 반복되는 일상조차도 다시는 오지 않을 소중한 시간으로 느껴진다. 가족과의 만남, 동료와의 순간 하나하나가 달라 보이고, 그 속에서 내면의 변화가 일어난다.

내가 믿는 긍정의 힘도 이와 같다. 그것이 나를 넘어서 팀원과 동료, 그리고 함께 관계 맺는 모든 사람에게 전달되기를 바란다. 시간이 지나 언젠가 이 글을 다시 읽을 때, 나의 과정들이 후회가 아닌 즐거움으로 가득 차 있기를 간절히 소망한다.

3
항해사로서의 영업

 최근에는 새로운 영업의 정의가 많이 필요한 시기다. 과거의 영업은 제품 단가 및 금형비를 받기 위한 활동과 함께 고객이 필요로 하는 일에 접근하여 정해진 업무를 진행했다.

 프로젝트에 있어서 견적의 업무만 거의 10차례 이상 진행된다. 그 과정 속에서 현실의 불합리함을 반영하기 위한 견적 제출 과정 등이 이루어진다. 과거의 영업은 현실을 반영한 합리적인 견적제출 활동들이 주를 이루었다.

 그 이후 새롭게 맡게 된 업무가 SPOC(Single Point Of Contact)였다. 이는 회사의 전략인 '고객 밀착'을 실현하기 위해 고객과의 관계를 가장 앞에서 담당하는 역할이다. 고객의 잠재적 니즈를 파악하고, 경쟁사 동향과 램프 디자인 트렌드를 분석하여 회사 전략에 반영하는 것이 주요 과제였다.

 예를 들어 MLA 사업 유지를 위해 디자인 트렌드를 면밀히 분석하고,

고객사 디자인 부서와 접점을 만들며 장단점을 어필했다. 동시에 가격 측면에서도 가치를 제시해 고객이 MLA라는 디자인을 지속적으로 채택하도록 설득하는 활동을 전개했다.

이러한 SPOC의 본질은 단순히 정보를 전달하는 것이 아니라, 고객의 숨은 요구와 경쟁 환경을 바탕으로 회사의 비즈니스 방향성을 설정하고 내부를 리딩하는 것에 있다. 실제로 영업은 고객만 상대하는 부서가 아니라, 공장에서의 생산, 연구소의 선행 개발, 설계 조직의 세부 진행 상황까지 종합적으로 이해할 수 있는 자리였다. 그렇기에 영업은 회사 전체를 연결하는 가장 전략적인 역할이라 할 수 있다.

2025년 현재 고객사들은 불안정한 세계 경제 속에서 협력업체들에게 선제적 제안 활동을 요구하고 있다. 이에 따라 각 협력사들은 가격 절감과 새로운 제안을 통해 생존을 모색하고 있으며, 우리 회사 역시 고객의 변화 포인트를 사전에 포착해 새로운 가치를 제공할 방법을 논의하고 있다.

현재 영업의 역할을 한 단어로 표현하자면 '항해사'다. 리더가 올바른 방향성을 선택할 수 있도록 의사결정에 필요한 정보를 제공하고, 내부적으로는 그 방향에 맞춰 협의체를 구성한다. 또한 다양한 실행 요소들이 잘 진행되고 있는지 점검하며 회사 전체의 항로를 이끄는 역할을 맡는다.

무엇보다 중요한 것은 고객에게 새로운 가치를 제공함으로써 비즈니스를 확장하는 것이다. 영업인은 단순히 매출 실적에 그치지 않고, 고객의 잠재적 가치를 함께 고민하며 논의해야 한다. 이를 통해 글로벌 리더로 도약할 수 있는 기반을 마련해야 한다. 나아가 다양한 고객사들의 경험을 학습하고, 담당 고객사를 선제적으로 리딩하여 새로운 가치를 제공하는 동시에 동반성장을 이끌어야 한다.

나는 현재 팀장으로서 팀원들과 함께 주변 조직을 독려하여 새로운 콘텐츠를 만들기 위한 고민을 하고 있다. 올바른 고민을 통해 좋은 결과를 만들 수는 있을지는 모르겠지만, 주어진 환경을 바탕으로 목표를 향해 달려간다면 좋은 결과를 이룰 수 있을 것이라 생각한다.

어려운 내용이고 무엇을 해야 할지 정답을 아직은 찾지 못한 상황이며, 어깨에 올려진 무게감도 상당하다. 매번 당면한 과제에는 언제나 어려움이 있었고 극복하는 과정이 쉬운 적이 없었다. 머리를 맞대어 주변과 함께 한다면 충분히 극복할 수 있을 것이라 생각한다.

되는 방향을 찾는 사람들

회사 생활의 큰 변화 기점 중 하나의 활동은 MLA(Micro Lens Array) 사업 확장을 위한 전사적인 협업의 과정이었다. 큰 프로젝트에서 경쟁 업체의 진입을 방어하기 위해 고객사에게 기술적인 제안을 했고, 그를 통해 입찰에서 우위를 점하고 성공적인 론칭을 진행했다. 그 이후 브랜드의 아이덴티티가 MLA로 지속되도록 만들기 위해서 새로운 도전을 진행하게 되었다.

차후 연결되는 프로젝트에 지속성 있게 활용하기 위해서는 꼭 필요한 도전이었다. 그 와중에 프로젝트를 진행하며 제품의 가격이 높다는 이야기가 고객사로부터 많은 피드백을 받았다. 새로운 프로젝트가 눈앞에 있는 상황이었다.

고객이 원하는 관점에서 디자인을 지속하기 위해 우리가 할 수 있는 일은 도전적인 가격제안 및 기술적인 해결책을 만들어 내는 일이었다. 영업과 엔지니어 그리고 공장조직까지 함께 모여 다양한 솔루션을 찾기 시작했고 영업에서는 고객이 수용할 수 있는 가격을 기반으로 원가를 절감하는 활동을 진행했다. 설계 부분에서 최적화를 진행했지만 목표한 가격에 도달하기에는 한참 부족했다.

그러던 와중 일말의 가능성을 바탕으로 수입을 하던 부품을 국산화해 보자는 도전적인 목표를 설정하게 되었다. 고객 구매, 설계, 디자인팀 등 설득을 하기 위한 제안 활동을 시작했다. 그 결과 고객에게 줄 수 있는 디자인적인 가치와 매력적인 가격 제안을 통해 우리가 원하는 사양을 적용할 수 있었다.

하지만 실행을 하기 위한 큰 과제가 남아 있었다. 기존의 사출 업종에 특화되어 있던 회사가 반도체 공법을 기반으로 하는 솔루션을 내재화해야 하는 과제였다. 모든 과정이 새로운 것을 만들어 가야 하는 큰 프로젝트이기에 어려움이 곳곳에 존재했다. 기초 재료 수급부터 작은 알갱이의 표면을 구현하기 위한 기술적인 솔루션, 그것을 제조하기 위한 제조설비 수급 방법까지 많은 문제가 있었다. 물론 우리에게 남은 기간은 2년 남짓이었다.

  영업의 역할 중 첫 번째는 디자인의 지속성을 유지하기 위해 고객의 분위기를 조성하는 것이었다. 각 조직이 수행해야 할 기본적인 역할을 이해하고, 진행 상황을 면밀히 확인하며, TFT에서 진행되는 업무에 대해서는 거리낌 없이 대화를 나누고 심도 있는 논의를 이어 갔다.
  업무를 수행하면서 가장 중요하게 느낀 점은, 불가능한 부분에 집중하기보다는 가능한 방향을 찾고 이에 대해 충분히 논의하는 것이었다. 완벽한 해결책은 존재하지 않지만, 어려운 문제에 대해 서로 공감하고 해결 방안을 함께 모색하는 과정이야말로 영업에서 주도적으로 리딩해야 할 핵심적인 역할임을 깨달았다.
  결과적으로 회사는 4개의 프로젝트를 지속적으로 수주하며 지금까지도 안정적으로 공급을 이어 가고 있다. 경쟁사 차종에까지 공급을 확대하는 방향으로 결정되면서 긍정적인 성과를 만들어냈다. 그 과정에서 나는 TFT의 한 구성원으로서 엔지니어뿐만 아니라 조직 차원에서 진행되는 전반적인 업무 과정을 이해하고, 이를 바탕으로 고객에게 지속적으로 제안을 하며 설득하는 역할을 맡았다. 이를 통해 실제 성과를 창출하고, 영업 리딩의 중요성을 몸소 체감할 수 있었다.

  《임팩트 플레이어》의 1장에는 임팩트 플레이어의 마인드셋으로 일하는 것과 기여자의 마인드셋으로 일하는 것의 차이를 소개한다. 임팩트 플레이어는 기회의 고글을 쓴다. 임팩트 플레이어가 아닌 사람들은 난관을 위협으로 보는 반면, 임팩트 플레이어는 가치를 더할 기회로 본다. 임팩트 플레이어는 불확실성에 대해 적극적으로 나서고 적절하게 물러서며, 확실하게 마무리하고, 질문하고 조정한다. 직무나 조직에서 따라야 하는 행동기준을 파악하고, 거기에 맞춰 최대한의 파급력을 낸다. 마지막으로 그렇게 형성된 파급력은 가치 있는 결과물을 도출해 낸다고 말한다.

임팩트 플레이어에 나와 있는 내용이 MLA 사업 확장의 좋은 예시인 것 같다. 임팩트 플레이어의 마인드셋을 바탕으로 일을 되게 만드는 사람들이 모였다. 그들이 TFT를 이루어 각자의 역할에서 최선을 다하고 결과를 만들어 결국 좋은 성과물을 만들었다. 곳곳에 존재하는 영향력 있는 사람들이 함께 모여 이루어 낸 결과물이었음을 잊지 않으며, 늘 구분들에게 감사를 느낀다.

결정하는 방법

팀장으로 업무를 수행한지는 얼마 지나지 않았지만, '장'이라는 위치에 있는 사람에게는 해야 할 일이 있다. 바로 결정이다. 수많은 결정을 해야 한다. 사소하게는 오늘 점심 메뉴부터, 크게는 회사의 방향성, 제품의 가격 등이다.

여전히 결정은 어려운 문제다. 내가 선택한 결정이 어떤 결과를 가져올지는 시간이 흐른 뒤에 가시적으로 나타난다. 선배들에게 물어도 보고, 책을 보기도 하지만 결정하기 어려운 것은 사실이다. 그러다 책을 보는데 한 구절이 눈에 들어왔다.

　브라이언 트레이시의 《겟 스마트》에는 이런 말이 나온다.

　"당신의 결정과 행동의 유일하고 진정한 척도는 '효과가 있었는가?'이다. 당신의 생각을 바탕으로 한 행동이 당신이 원하거나 당신에게 중요한 것에 가까이 다가가게 했는가?"*

　결정을 내리려면 기준이 필요하다. 결정이란 단순히 선택하는 것이 아니라, 행동과 태도를 분명히 정하는 일이다. 그리고 그 기준은 바로 "효과가 있었는가?"라는 물음에 있다.

　예를 들어, 짜장면과 스시 중 무엇을 먹을지 고민한다고 하자. 용돈이 일주일에 3만 원이라면 스시를 선택하는 것은 현실적으로 맞지 않는다. 결과적으로 생활에 부담을 주기 때문이다. 반면 짜장면을 고르면 예산 안에서 해결할 수 있고, 남은 돈으로 간식을 하나 더 살 수도 있다. 이 경우 짜장면이 더 효과적인 선택이 된다.

　결국 효과란 어떤 목적을 가지고 행동했을 때 드러나는 좋은 결과를 의미한다. 우리의 선택은 언제나 좋은 결과를 위한 것이다. 마약을 선택하지 않는 이유도 여기에 있다. 순간의 만족은 있을지 몰라도, 장기적으로는 해로움과 파괴만 남기 때문이다.

---

* 《겟 스마트》, 브라이언 트레이시, 빈티지하우스, 2017

즉, 미래 의도가 있을 때 우리는 선택을 분명히 할 수 있다. 내가 도달해야 할 목표가 있다면, 오늘 어떤 행동을 할지 기준이 명확해진다. 술을 한잔할지, 아니면 책을 한 장 더 읽을지는 단순한 기호의 문제가 아니라 내가 세운 목표와 방향성에 따라 달라진다.

그래서 성공한 사람들이 늘 목표를 세우라고 강조하고, 선배들이 꿈을 가지라고 말하는 것이다. 목표가 없는 결정은 순간의 기분에 흔들리지만, 목표가 분명한 결정은 결국 미래의 나를 원하는 자리로 이끌어 간다.

결정을 하려면 효과라는 기준과 미래 의도를 갖고, 목표를 잃지 않아야 한다. 그것이 결정을 잘하는 방법이다.

얼마나 멀리 미래를 내다볼 수 있는가.
얼마나 분명한 미래적 관점을 가지고 있는가.
그리고 그 미래를 위해 오늘 무엇을 선택하며 살아갈 것인가.

결국 인생은 오늘의 작은 결정들이 쌓여 미래를 만든다는 사실을 보여 준다. 지금의 선택은 단순한 하루의 행동이 아니라, 내일의 나를 형성하는 씨앗이다. 멀리 보는 사람일수록 순간의 유혹보다 장기적인 가치를 택하고, 그만큼 올바른 방향으로 나아간다.

따라서 중요한 것은 거창한 결심이 아니라, 미래를 기준으로 한 오늘의 행동이다. 미래를 그려 보고, 그 미래와 연결된 선택을 오늘 반복한다면, 우리는 원하는 곳에 도달할 수 있다.

조직문화 만들기

조직문화는 리더가 남기는 가장 깊은 발자국이다. 시스템과 정책은 시간이 지나면 바뀔 수 있지만, 문화는 오랜 시간 사람들의 행동과 관계 속에 스며들어 남는다. 리더가 어떤 문화를 만들어 내는가에 따라 기업의 미래는 전혀 다른 풍경을 맞이하게 된다.

기업의 성패를 가르는 근본적인 요인은 결국 사람, 그리고 그 사람들을 이끄는 리더에게 있다. 안목을 가지고 결정할 줄 알고, 문화를 만들어 가는 리더가 있는 기업은 어떤 환경 속에서도 가치 있는 방향으로 나아간다.

나 또한 팀장으로서 좋은 문화를 만들고자 한다. 팀원들이 긍정적으로 사고하도록 이끌고, 스스로 바른 결정을 내리도록 돕고, 맡은 일을 끝내 '되게' 만드는 힘을 기르도록 함께하고 싶다. 팀장이 존재하는 이유는 팀원의 성장이다. 내가 사원에서 대리로, 후배에서 선배로 성장해 왔듯이, 이제는 내가 받은 배움과 경험을 바탕으로 팀원들의 성장을 지원하는 것이 나의 역할이라 생각한다.

결국 리더란 성과를 내는 사람을 넘어, 사람을 키우는 사람이다. 내가 남기는 문화가 팀원들에게 긍정적인 흔적으로 남고, 그들의 내일을 밝히는 밑거름이 된다면 그것이야말로 리더로서 남길 수 있는 가장 값진 발자국일 것이다.

최윤혁

영업은 연결이다

1. 사회로의 첫 걸음
2. BATNA - 협상의 숨은 무기
3. 새로운 도전으로 확장하라
4. 다시 시작된 여정

1
사회로의 첫 걸음

 군 제대 후 세상에 던져진 듯한 공허한 시기를 겪으며, 나는 과연 어떤 일을 하며 살아가야 할지에 대해 끊임없이 고민했다. 전역하고 가장 먼저 떠오른 것은 '해외'라는 단어였다. 그저 막연하게 한국 밖의 삶은 어떤 것일까에 대한 호기심, 그리고 조금은 답답했던 현실에서의 탈출 욕구였을지도 모른다. 그렇게 큰 결심 없이 시작된 호주 워킹홀리데이 생활이었다. 하지만 그곳에서 내 인생의 방향이 완전히 바뀌게 될 줄은 꿈에도 몰랐다.

 워킹홀리데이를 떠난 곳은 호주의 울런공이라는 시골 작은 도시였다. 언어가 통하지 않아 매일이 도전이었다. 처음에는 단순한 슈퍼마켓 계산대 앞에서도 머뭇거리기 일쑤였고, 현지인들의 빠르고 특유한 억양이 섞인 영어는 내게 마치 다른 행성의 언어처럼 들렸다.

 하지만 어느 날, 내가 만들어 낸 어색한 영어 문장으로 수천 킬로미터 떨어진 나라의 사람과 소통될 수 있음을 깨달았다. 그 순간의 신비

함은 이루 말할 수 없었다. 말이 통한다는 것, 언어를 넘어서 마음이 전달된다는 신비로움이 느껴졌다. 그때 느낀 감정은 내 삶 전체를 송두리째 바꿔 놓았다.

영어만이 살길이다

새로운 공간에서 마음이 전달되는 경험을 하고, 앞으로 살아가면서 영어는 반드시 필요할 것이라는 생각에 죽을힘을 다해 영어를 익혔다.
"영어만이 살길이다."

나는 이 문장을 노트북 바탕화면에 띄워 놓고 매일 같이 되뇌었다. 단순한 외국어가 아니라, 새로운 세상과 나를 이어 주는 생존의 수단이라는 절실함으로 다가왔다. 유학 기간 중에도 틈틈이 독학으로 영어를 공부했지만, 실력이 빠르게 늘지 않아 좌절을 느끼기도 했다.

짧은 기간으로 인해 원하는 바를 다 이루지 못한 나는, 워킹홀리데이 기간을 마치고 다시 필리핀 세부의 어학원으로 향했다. 그것이 내게 주어진 마지막 기회라고 생각하며 노력했다. 하루 10시간 가까운 수업과 1:1 스피킹 연습, 그리고 잠들기 전까지 이어지는 복습 생활을 5개월 동안 반복했다. 영어가 내 인생의 방향타가 될 거라는 강한 믿음 하나로 버텼다.

어학원의 기간을 거치고 나서 비로소 영어에 대한 자신감이 생겼다. 2년의 시간 동안 영어를 위해 보낸 시간이 전혀 아쉽지 않았고, 앞으로 무엇을 하든 영어가 내 힘이 될 것이라 믿었다.

영어는 내게 단순한 학문이 아니었다. 그것은 생존을 위한 기술이었고, 사회에 발을 내딛기 위한 첫 관문이었다. 그 관문을 통과하기 위해 쏟아낸 수많은 시간이, 결국 사회생활 속에서 보람으로 결실을 맺었다.

영업의 시작

대학교에서는 재료공학을 전공했다. 공대생으로서 수식과 실험에 익숙한 삶을 살았다. 하지만 나는 남들과는 조금 달랐다. 공대생이지만 영어 점수가 꽤 높았고, 덕분에 학교에서 제공하는 해외 프로그램 장학금을 받을 수 있는 기회도 있었다. 장학금을 목표로 삼았기에 전공 공부도 소홀히 할 수 없었고, 그렇게 자연스럽게 전공에 애착이 생겼다. 처음엔 마지못해 선택했던 전공이었지만, 어느새 '이걸로 먹고살 수 있겠다.'는 자신감도 생겼다. 영어를 통해 기회가 생기고, 그 기회를 놓치지 않기 위해 어느 것 하나 소홀히 하지 않은 시간이었다.

졸업을 앞두고 당연히 학과와 연관된 R&D나 품질관리, 엔지니어링 직무에 지원서를 냈다. 하지만 취업의 문은 쉽게 열리지 않았다. 수많은 이력서와 자기소개서를 제출했지만, 번번이 탈락 통보를 받았다. 그러던 어느 날, 드디어 한 중견기업에서 R&D 직무에 대한 면접 통과 소식을 전해 받았다. 그 기쁨도 잠시 담당자의 이어지는 말은 나를 당황하게 만들었다.

"혹시 해외 영업직으로 전환하는 것에 관심 있으신가요?"

굉장히 당황스러웠다. 나는 공대생이고, R&D에 지원했기 때문에 전혀 다른 영역의 일이었다. 전화를 끊고 곰곰이 생각해 봤다. 영어를 좋아했고 사람과의 만남을 즐기는 성격, 낯선 환경에서 살아 본 경험들을 떠올렸다. 어쩌면 나에게 잘 맞는 길일 수도 있겠다는 생각이 들었다. 나는 흔쾌히 첫 제의에 "감사합니다, 열심히 하겠습니다!"라고 답했다.

회사에 입사하고 나서야 그 이유를 들을 수 있었다. 당시 해외영업팀 장님은 대부분 문과 출신으로 구성된 팀에 기술 이해도가 높은 공대생이 필요했다고 한다. 게다가 영어로 업무가 가능한 신입을 찾고 있었는데, 내 전공과 영어 실력, 그리고 면접에서 보여 준 태도를 높이 평가해 나를 강하게 추천했다고 했다. 알고 보니 그분은 나를 데려오기 위해 인사팀과 꽤 긴 설득을 진행했다고 한다.

그 이야기를 들은 후, 나는 스스로에게 다짐했다. '내가 영어 공부에 매달린 시간은 절대 헛되지 않았다.' 영어를 배우기 위해 떠난 워킹홀리데이, 필리핀 어학연수, 수많은 좌절과 반복된 공부들. 그 모든 과정이 지금의 나를 만들어 낸 것이었다.

인생에서 쓸데없는 시간은 없다. 내가 어떤 일을 하며 최선을 다하고, 그 시간이 나를 성장시켰다면, 이는 인생의 어느 순간에 반드시 도움이 된다. '어떤 준비를 해야 할까요?'를 묻는 대신, 스스로가 원하고, 올바른 방향으로 성장할 수 있는 분야를 선택해야 한다. 그 과정을 꾸준히 했을 때 기회로 돌아온다는 사실을 깨닫는다.

해외영업팀 신입사원

해외영업팀에 배속된 첫날은 모든 것이 낯설고 어색했다. 사무실 안은 외국어가 오가고, 전화벨 소리와 함께 부서원들이 영어로 통화를 이어가는 풍경은 신입 사원으로서의 긴장감을 한껏 높였다. 처음 보는 수출 서류, 낯선 무역 용어들, 선적 일정, 포워딩, 인코텀즈 등 그 어느 것 하나도 익숙하지 않았다.

나는 재료공학을 전공했기에 숫자와 도면, 정해진 공식이 익숙했다. 1 더하기 1은 언제나 2였고, 논리적으로 증명할 수 없는 것은 수긍하기 어려웠다. 그런데 영업이라는 세계, 특히 무역 업무라는 건 전혀 다른 규칙이 적용되는 곳이었다. '인코텀즈(Incoterms)', '관세율', '선적 서류', '통관 절차' 등 처음 듣는 용어들은 오랜 시간이 걸쳐서야 비로소 익숙해지기 시작했다.

처음엔 억지로 외우듯이 이론서를 반복해서 읽었다. 인코텀즈란 국제 무역 거래 조건 규칙이다. 국제 거래에서 수출자와 수입자가 누가, 언제까지 어떤 책임과 비용을 부담해야 하는지에 대해 정해진 표준 규칙이다. 무역업을 하려면 반드시 알아야 할 사항이기도 하다.

표준 규칙에 대해 공부하려고 인코텀즈의 조항별 차이를 암기하고, 각 나라의 통관 방식과 서류 양식을 정리해 보기도 했다. 하지만 책 속의 문장들은 머릿속에 잘 들어오지 않았고, 막상 실무에 접목하려 하면 늘 뭔가 빠져 있었다. 그러다 문득, 이런 생각이 들었다.

"아 다르고 어 다르다더니, 무역이란 게 그런 것이구나."

사실 이건 단순한 언어의 문제가 아니었다. 같은 문장이라도 상대가 누구인지에 따라 달라지고, 맥락이 무엇인지에 따라 전혀 다른 해석과 대응이 필요했다. 법은 존재하나 그 법을 어떤 맥락에서 해석하는가에 따라 달라지는 일과 비슷하다.

공대에서 실험 장비와 논문을 붙잡고 살아왔던 내가 갑자기 '무역'이라는 세계 속에 들어왔다. 이론적으로만 공부한 국제무역, 관세, 선적 절차 같은 개념들이 실무 속에서는 전혀 다르게 다가왔다. 단어 하나, 표현 하나가 계약 조건을 바꾸는 위중한 상황이 반복되면서 '아' 다르고 '어' 다른 게 단순한 말장난이 아니란 걸 알게 됐다.

영업인의 길

신입사원 시절, 나는 대리였던 선배와 과장님들을 졸졸 따라다녔다. 고객사 방문 미팅이 있을 때면 늘 같이 동행하며 업무의 흐름을 익혔다. 당시에는 대화의 흐름조차 완벽히 이해하지 못했지만, 선배들의 말투, 표정, 대응 방식 하나하나가 살아 있는 교과서였다.

가장 인상 깊었던 것은 영업이라는 직무의 정체성이었다. 단순히 제품을 파는 사람이 아니었다. 회사와 고객 사이에서 발생하는 모든 이슈의 중심에 서서, 상황을 중재하고 조율하며 서로가 만족할 수 있도록 '관계'를 만들어 가는 사람이 영업인이었다. 선배들은 윤활유처럼 회사 조직과 고객의 니즈 사이에서 완충재 역할을 했다.

고객사 미팅은 제품에 대한 기술적인 분석, 공정 라인 감사, 품질 개선 회의 등이 주된 이슈였다. 공대 출신으로서 제품 구조나 공정 방식에 대한 기술적인 이해는 빠른 편이었고, 그 점이 큰 도움이 되었다. 특히 고객과의 미팅 전에는 사전 기술 자료를 숙지하고, 품질팀이나 생산기술팀으로부터 정보를 받아 반드시 한 번 이상 정리한 후 회의에 참석했다. 이런 철저한 준비 덕분에 작은 질문에도 흔들리지 않고 응대할 수 있었다.

하루하루 업무를 익히고 선배들을 보며 배우면서, 나는 점점 영업이라는 직무에 매력을 느끼게 되었다. 특히 고객과의 신뢰 관계를 쌓아가는 과정에서, 때로는 고객의 입장에서 문제를 해결해 주고, 또 때로는 회사의 이해관계를 지키며 타협점을 찾아가는 '균형 잡힌 역할'이 무척이나 흥미롭게 다가왔다.

처음에는 단순히 제품을 판매하고 계약을 따내는 것이 영업의 전부라고 생각했다. 그러나 시간이 지날수록 영업은 단순한 판매 행위가 아니라, 회사와 고객 사이의 가교 역할을 하며 서로의 이해를 조율하는 과정이라는 것을 깨달았다. 고객의 요구를 무조건 들어주는 것이 능사가 아니었고, 반대로 회사의 입장만을 고집하는 것도 해결책이 될 수 없었다. 결국 중요한 것은 서로가 납득할 수 있는 합리적인 지점을 찾아내는 능력이었다.

이러한 경험은 나로 하여금 영업을 단순히 '성과를 내기 위한 수단'이 아닌, 사람과 사람을 잇고 관계를 구축하는 장(場)으로 바라보게 만들었다. 매일의 업무는 때로는 힘들고 지치기도 했지만, 그 속에서 고객의 신뢰를 얻고 작은 성과가 쌓여 가는 순간마다 나는 다시 한번 영업의 본질적 매력을 느낄 수 있었다.

소통하는 영업인

고객이 나를 먼저 찾기 시작할 때가 생각난다. 문제가 발생하여 해결한 작은 조치가 고객사 내부에서 인정받아 다시 우리 회사를 찾게 만들었을 때, 나는 비로소 영업인으로서 자부심을 느끼게 되었다. 언젠가 선배가 했던 말이 떠오른다. "영업은 고객이 다시 전화하게 만드는 힘을 가져야 한다." 지금 나는 그 말을 진심으로 이해할 수 있다.

특히 기억에 남는 장면이 있다. 어느 날 해외 고객이 국내 공장을 방문했다. 품질 이슈 대응에 관련된 미팅이었다. 현장에서는 설비 사진과 공정 데이터를 기반으로 기술 검토가 이루어지고 있었는데, 고객의 분위기가 심상치 않았다. 기술팀이 아무리 수치로 설명해도 고객은 계속 이해가 되지 않은 듯 같은 질문을 반복했다. 그런 모습에 당황하던 찰나, 우리 팀 선배 과장님이 나섰다.

"이 부분은 고객사의 생산 방식과는 차이가 있는 점이라 혼동이 있었던 것 같습니다. 비교표로 정리해 다시 설명드리겠습니다."

그러면서 즉석에서 화이트보드에 양사의 공정 흐름을 도식화해 보여 주었다. 고객의 표정이 달라졌다. 이내 고개를 끄덕이며 미소를 보였고, 미팅은 예상보다 훨씬 빠르게 마무리됐다. 영업인은 설명하는 사람이 아니라, 고객을 이해시키는 사람이다.

그날 이후로 나는 단순히 제품과 공정을 배우는 것을 넘어서, '이걸 고객에게 어떻게 전달할까?'를 고민하게 됐다. 고객의 눈높이에서, 고객의 언어로 설명하는 능력이 영업인들에게는 필요했다. 나 혼자 이해를 했다고 해서 일이 끝나지 않는다. 물건을 구매하는 고객의 입장에서 생각하고 설명할 수 있어야 한다.

타인의 관점에서 생각해 보는 것을 역지사지(易地思之)라고 한다. 처지를 바꾸어 생각해 보는 일이다. 내가 왜 이 물건을 구매해야 하는가에 대해 고객의 입장에서 설득할 수 없다면, 아무리 기술적으로 뛰어나고 논리적인 설명을 늘어놓아도 소용이 없다. 결국 영업의 본질은 고객의 언어로 고객의 마음을 움직이는 일이라는 것을 절실히 깨닫게 되었다.

그래서 나는 자료를 준비할 때에도 '내가 고객이라면 어떤 점이 궁금할까?', '이 설명이 과연 고객에게 명확히 다가갈까?'를 먼저 생각한다. 때로는 복잡한 기술적 내용을 비유로 풀어내기도 했고, 때로는 고객의 현장 상황에 맞추어 사례를 들어 설명하기도 했다. 중요한 것은 내가 아는 것을 일방적으로 전달하는 것이 아니라, 고객이 이해하고 공감할 수 있는 방식으로 소통하는 것이었다.

이러한 훈련을 거듭하면서, 영업은 단순한 전달자의 역할을 넘어서 상대방의 관점을 깊이 이해하고 번역해 내는 작업이라는 사실을 알게 되었다.

2
BATNA - 협상의 숨은 무기

수습 기간이 끝나갈 무렵이었다. 나는 처음으로 내 이름이 걸린 고객 대응을 맡게 되었다. 그것도 규모가 작은 고객이 아니라 글로벌 고객의 한 지역 담당이었다. 말 그대로 '영업'의 시작이었다. 그동안의 지원 업무와는 차원이 다른, 실질적인 거래와 관계를 책임지는 자리였다.

고객사 담당자와의 첫 미팅을 마치고 돌아오는 길, 온몸이 땀에 젖어 있었다. 여름이라서가 아니라 긴장 때문이었다. 내가 하는 말 하나, 결정 하나가 회사의 실적과 신뢰로 이어진다는 책임감은 상상을 초월했다. 특히, 내가 맡은 고객은 연간 수백억 원 규모의 수주가 진행되는 큰 고객이었고, 지역 특성상 발주량의 변동성이 극심했다.

이런 변동성은 내부 갈등의 씨앗이 되었다. 불확실성은 누구도 좋아하지 않다는 사실을 느꼈다. 생산 관리팀에서는 매주 진행되는 '매출 계획 회의'에서 나에게 확정 발주 수량을 요구했다. 생산 일정을 계획하고 자재를 확보하려면 얼마나 생산해야 할지를 확정해야 했기 때문이다. 하지만 고객의 주문은 워낙 유동적이기 때문에 나 역시 고객으로부터 확답을 받기 어려웠다. 확답이 어려웠기에 매번 회의 때마다 눈치 보이고, 내가 잘못한 일은 아니었지만 늘 가시방석에 앉아 있는 기분이었다. "고객은 도대체 언제 확정 오더를 결정하는가?"에 대한 의견이 매주 반복되었고, 나 역시 점점 압박감에 시달리게 되었다.

그러던 어느 날, 고객사와의 연례 미팅 일정이 잡혔다. 말레이시아의 페낭 지역에 위치한 고객사와의 미팅이었고, 팀장님과 함께 출장을 떠났다. 공항에 도착한 후 고객사 근처 숙소로 이동하면서 문득 이전 출장에서 본 풍경이 떠올랐다. 당시에는 그냥 지나치듯 본 공사 현장이 있었는데, 이번엔 그 현장이 거의 완공 단계에 이르렀다는 걸 알 수 있었다. 고객사에 문의하니, 창고가 건설 중이며 물류 대응을 위한 전략이라고 설명했다. 그 순간, 내 머릿속에 전구가 하나가 켜졌다.

"이 창고를 활용하면 물류 조건을 바꿔 가격을 조정할 수 있겠는데?"

마침 이번 출장의 핵심 이슈는 고객의 신규 차종 통합 입찰 제안이었다. 고객사는 가격 인하를 요구하고 있었고, 우리는 기존의 마진 구조상 더 이상 가격을 내릴 수 없는 상황이었다. 무리한 인하 요구를 수용하면 손실이 발생하고, 거절하면 수주를 놓칠 가능성이 있었다. 이건 단순한 가격 협상이 아니었다. 전략 싸움이었다.

나는 팀장님과 상의 후 다음과 같은 제안을 고객에게 던졌다.

"이번 입찰은 기존과 다른 무역 조건으로 제안 드릴 수 있습니다.

CIF(수출자가 항구까지 운송하는 조건, 보험 포함) 조건에서, 페낭항까지 CFR(수출자가 항구까지 운송하는 조건, 보험 제외) 조건으로 변경하고, 이후 창고를 통해 고객사 내부 이송을 진행하는 방식입니다. 이렇게 하면 물류 보험 비용이 빠지고, 가격도 일부 조정 가능합니다."

고객은 고개를 끄덕이며 말했다.

"창고는 이제 막 완공됐어요. 우리가 건설한 창고를 활용하는 조건이라면, 인도 방식은 크게 상관없습니다."

바로 그 순간이었다. 우리는 협상의 지렛대를 손에 넣었다. 단순히 가격을 낮추는 하급 전략이 아니라, 무역조건을 변경하고 고객의 물류 시스템과 연계하는 방식의 고급 전략으로 협상을 주도할 수 있게 된 것이다. 이는 곧 고객에게도 도움이 되고, 우리에게도 비용 절감과 리스크 완화 효과를 가져오는 WIN-WIN 전략이었다.

이 경험은 내가 'BATNA(Best Alternative To a Negotiated Agreement)'의 진짜 의미를 체감한 순간이었다. 'BATNA'란 사전에 협상이 실패했을 때를 대비해 준비한 차선책이다. 고객과의 협상을 통해 차선책으로 준비한 방법이 오히려 원안보다 더 나은 결과를 이끌어 낼 수 있음을 깨닫게 되었다. 이후 나는 중요한 고객과 미팅을 준비할 때마다 항상 최소 두 가지 이상의 협상안을 준비했다. 하나는 정공법, 다른 하나는 BATNA였다.

이 경험을 통해 알게 된 것은, 영업이란 단순히 숫자 싸움이 아니라 상황을 읽고, 정보를 엮어 전략으로 만들어내는 능력이 필요하다는 사실이다. 고객사 창고 공사를 눈여겨봤던 것이 우연처럼 보일 수도 있지만, 그 작은 정보 하나가 계약의 방향을 바꾸고 수주를 결정지었다.

이후에도 고객사와의 신뢰는 깊어졌고, 무역조건 변경은 우리 회사 전체에 긍정적인 선례로 남았다. 생산 관리팀과의 갈등도 위탁 창고 활용으로 일부 해소되었고, 나는 회사 내에서 '창의적인 협상 전략을 구사하는 영업인'으로 조금씩 인정을 받기 시작했다.

사장처럼 일하라

영업 업무를 하며 신조라고 할 정도로 생각하는 문장이 있다. 바로 "내가 사장이라면 어떻게 할까?"라는 질문이다. 이 질문이 나를 성장시켰다고 해도 과언이 아니다.

업무를 3년 정도 같이 일한 내 맞선임이 회사를 그만둔다는 소식을 들었다. 순간, 심장이 턱하고 내려앉았다. 그 선배는 내 사수이자 멘토였고, 입사 이후로 늘 가장 가까운 자리에서 나를 이끌어 준 사람이었다. 말수가 많은 편은 아니었지만, 매사에 꼼꼼하고 침착하게 대응하던 그분의 모습을 보며 나는 '영업이란 이렇게 하는 것이다.'를 배웠다.

10년이 지난 지금도 여전히 그 선배의 조언이 기억난다. 선배는 항상 내게 조용히 한마디씩 던지곤 했다.

"일할 때는 사장처럼 생각해 봐."

처음에는 무슨 말인지 이해가 잘 안 됐다. 내가 왜 사장처럼 생각해야 하지? 나는 일개 사원일 뿐인데. 하지만 시간이 지날수록 그 말은 뼈가 되고 살이 되었다.

선배의 퇴사 소식을 듣고 며칠 뒤, 팀장님께서 나를 회의실로 부르셨다. 그 선배가 담당하던 고객 대응 대부분을 내가 맡아서 하면 좋을 것 같다고 말씀하셨다. 이미 퇴사할 선배도 그렇게 이야기된 것으로 알고 있는 눈치였고, 나는 무심코 "알겠습니다."라고 대답했지만, 속은 복잡했다. 이미 나 혼자도 감당하기 버거운 업무가 산더미였는데, 선배의 업무까지 맡게 된다는 건 도저히 상상이 가지 않았다.

회의실에서 나와 자리에 앉자마자, 지난 몇 달간 그 선배와 함께 다녔던 출장들이 머릿속을 스쳐 지나갔다. 거래처 방문, 클레임 대응, 납기 조율, 품질 이슈 브리핑, 무역 조건 협상, 각종 회의록 정리까지. 그 모든 순간마다 선배가 중심에 있었고, 나는 조수처럼 따라다니며 하나씩 배우던 입장이었다. 그런데 이제는 그 역할을 내가 해야 한다니 부담감이 밀려오기 시작했다.

사실, 선배에게 업무 인수인계를 받으며 한차례 툭 튀어나온 말이 있었다. "내가 하던 업무를 네가 인계받아서 해 봐. 너는 감당할 수 있는 능력이 있고, 할 수 있다고 믿으니까 너에게 인계한다." 그때는 농담처럼 들렸지만, 퇴사 후에는 진심이었다는 걸 알게 됐다.

선배의 퇴사로 업무가 급격히 많아졌다. 오전은 기존 고객사 대응으로 정신이 없었고, 오후에는 새롭게 넘겨받은 고객사의 일정과 데이터를 정리하느라 시간이 훌쩍 지나갔다.

하루에 수십 통이 넘는 메일을 확인하고 회신해야 했고, 야근은 기본이 되었고, 때로는 집에 와서도 머릿속이 텅 빈 느낌으로 샤워기를 틀어 놓고 멍하니 서 있던 기억도 있다.

가장 힘들었던 건 고객의 클레임 대응이었다. 선배가 맡았던 한 고객사에서는 불량률 문제로 조사를 요구했고, 제품의 공정 흐름과 검사 데이터까지 정리해야 했다. 그런데 더 큰 문제는, 나는 그 제품에 대해 제대로 배운 적이 없다는 것이었다. 야간 근무를 자청해 품질팀 선임에게 직접 공정 설명을 듣고, 불량 발생 이력부터 생산 라인의 설비 조건까지 하나하나 배웠다. 그때 처음으로 '기술을 모르면 영업도 못한다.'는 말을 실감했다.

내가 사장이라면 어떻게 할까?

그 시기는 매일이 선택의 연속이었다. 납기를 연기해 달라는 고객의 요청, 생산 공정 상 병목 구간에서의 조정 요청, 계약 조건 변경에 대한 타협점 도출이 필요했다. 모든 순간마다, 팀장님이 곁에 있는 것도 아니고, 선배가 조언해 줄 수도 없었다. 결국 스스로 결정해야 했다. 그때마다 나는 선배의 말을 떠올렸다.

"내가 사장이라면 어떻게 할까?"

이건 단순한 비유가 아니라, 정말 실무에서 중요한 기준점이 되었다. 한 번은 고객사가 제안한 납기 일정 변경을 승인할지 말지를 두고 내부 의견이 팽팽히 갈렸다. 납기를 맞추려면 추가 업무와 항공 운송이 필요했고, 이는 비용적으로 손실이 컸다. 그러나 고객은 이 건 이후 대형 차종 발주와 직결된다고 주장했다.

나는 이 판단을 위해 긴 시간 고민했고, 결국 사내에 사업성 검토 보고서를 작성해 제출했다. 결론은 항공 운송 승인이었다. 고객사는 매우 만족했고, 이후 해당 차종 전체 발주를 우리 쪽으로 일임하게 되었다.

그때 사장의 시선이란 결국 '전체를 보는 눈'이라는 것을 느꼈다. 당장의 손익이 아니라 장기적인 관계와 신뢰를 중시하는 시야가 필요했고, 그 시야 덕분에 고객과의 신뢰를 깨지 않고 이어 갈 수 있었다.

영업은 숫자를 관리하는 곳이다. 잘못된 숫자 하나에 큰 손실이 발생할 수도 있는 곳이 영업이다. 영업담당자들이 숫자 하나를 조심스럽게 다루고, 함부로 말하지 않는 이유도 여기에서 비롯된다. 무심코 뱉은 말이 어떻게 돌아올지 모르기 때문이다.

문제는 숫자 하나하나에 신경을 쓰다 보면 전체를 놓치는 경우가 많다. 눈앞의 숫자나 이익에만 신경 쓰고 차후에 일어날 일들에 대해서는 미처 신경 쓰지 못하는 경우에 대부분의 문제가 발생한다. 이를 방지하는 질문이 바로 '내가 사장이라면 어떻게 할까?'라는 질문이다.

이 질문을 할 때마다 내가 하는 일에 매몰되지 않고 멈춰 설 수 있었고, 넓은 시야로 업무를 할 수 있었다. 수처작주(隨處作主)라는 말이 있다. 내가 처한 곳에서 모두 주인이 되라는 말이다. 이 말이 선배의 조언과 맞물려 내게 적용되어 좋은 결과를 만들어 낸 듯하다.

어느 곳이든 주인이 되는 마음이 있을 때 좀 더 나은 결과와 성장을 이끌어 낸다. 영업인이라면 누구나 회사의 주인처럼 생각하고 행동할 수 있어야 한다. 이 관점이 자리 잡으면 보고하는 숫자 하나도 달라진다. 단순히 '수익률이 얼마다.'가 아니라, '이 거래가 내년에도 이어질 수 있을까?', '이 조건이 우리 회사의 브랜드와 신뢰를 해치지 않을까?'라는 질문을 동반하게 된다. 그것이 바로 '주인의식'에서 비롯된 책임감이다.

주인의식은 곧 태도의 문제다. 누군가는 거래를 단순히 당장의 계약 성사로 끝내지만, 또 다른 누군가는 고객사의 전략, 업계의 흐름, 내부 생산 능력까지 고려해 전체 퍼즐을 맞춘다. 후자의 사람이 결국 조직에서 신뢰를 얻고, 성장하며, 위기를 기회로 전환한다.

영업인이 주인의 마음으로 행동할 때, 그 숫자는 단순한 매출이 아니라 회사와 자신을 함께 성장시키는 발자취가 된다.

혼란의 시간, 고통과 성장 사이

혼자 업무를 한 지 6개월이 지나고, 나는 실적과 성과를 인정받아 정식으로 대리로 승진했다. 표면적으로는 승진이었지만, 나 스스로는 '영업인으로서의 전환점'을 맞았다고 느꼈다. 업무의 양뿐만 아니라 '판단'

의 무게가 달라졌고, 고객은 더 이상 '신입'이 아니라 '책임자'로 나를 대하기 시작했다.

무엇보다도, 가장 뿌듯했던 건 내가 새롭게 발굴한 고객사 두 곳에서 신규 제품 수주를 이끌어 냈을 때였다. 비록 매출 규모는 크지 않았지만, 우리 회사 입장에서는 새로운 시장 진입이었고, 나는 처음으로 영업이 회사의 성장을 견인한다는 사실을 실감할 수 있었다.

가끔 그런 생각을 한다. 만약 그 선배가 회사를 그만두지 않았다면, 나는 이렇게 빨리 성장하지 못했을 수도 있었다. 물론 그 시기의 고통은 이루 말할 수 없었지만, 그 과정이 있었기에 나는 지금의 내가 되었고, '사장 같은 시선'으로 일하는 습관도 자리 잡을 수 있었다. 고생이 사람을 성장시킨다는 말을 선호하지는 않지만, 고생한 만큼 보람 있고 성장하는 시간이 될 수 있다는 사실을 깨닫는다.

지금도 중요한 결정을 내려야 할 때면, 문득 그 말이 떠오른다. 이 질문은 지금도 내 내면의 나침반이 되고 있다.

"내가 사장이라면 이 상황에서 어떤 결정을 내릴까?"

이 질문은 단순히 '책임자의 입장에서 생각해 보라.'는 의미를 넘어선다. 사장의 시선은 더 멀리 보고, 더 신중하게 감당해야 하며, 단기적인 편안함보다 장기적인 생존을 우선한다. 직원일 때는 눈앞의 편의나 불만에 집중하기 쉽지만, 사장의 시선은 회사의 미래에 있다.

그래서 중요한 순간마다 다시금 그 질문을 스스로에게 던진다. 그 과정을 통해 자연스럽게 관점이 달라지고, 작은 이해득실에 매몰되지 않는다. 오히려 손해처럼 보이는 결정도 장기적으로는 더 큰 가치를 만든다는 걸 알게 된다.

영업이라는 일은 특히 그렇다. 단순히 당장의 계약을 따내는 게 목적이 아니라, 고객과의 관계를 지켜내고, 회사의 신뢰를 세우며, 미래의 시장을 준비하는 과정이다. 결국 그 질문은 나를 단련시키고, 지금의 내가 앞으로도 계속 성장할 수 있도록 이끄는 가장 강력한 도구가 되었다.

3
새로운 도전으로 확장하라

　해외영업팀에서의 시간이 어느덧 7년을 넘어섰을 무렵이었다. 대리로 승진하고, 다수의 해외 고객을 전담하며 관리하던 나는 문득 이런 생각이 들었다.
　"나는 지금 진짜 영업을 하고 있는 걸까?"
　처음 이 직무에 발을 들였을 땐, 낯선 언어와 국적을 넘나들며 사람들과 소통하는 일이 그저 재미있었다. 어릴 적부터 사람 만나는 걸 좋아하고, 이야기를 나누는 걸 즐기던 성격이었기에 해외영업이라는 직무가 나와 잘 맞는다고 생각했었다. 게다가 영어라는 도구를 통해 전 세계 사람들과 소통할 수 있다는 것은 분명 내게는 큰 장점이었다.
　시간이 지나면서 영업이라는 직무의 깊이를 고민하게 되었다. 단순히 고객의 요청에 대응하고, 경쟁사보다 낮은 가격을 제시하며 수주를 하는 것이 과연 내가 추구하고자 했던 '영업'의 본질일까? 그런 생각이 자주 들었다.

특히 영업의 지속 가능성을 생각하게 되면서, 내 사고의 중심축은 조금씩 달라지기 시작했다. 단기적인 수주 성과보다는, 장기적인 고객 신뢰와 관계 구축이 중요하다는 확신이 들었다. 고객이 다시 우리를 찾고, 우리 제품을 신뢰하며 장기적인 파트너십을 유지해 나가는 것. 그것이 진정한 영업의 힘이 아닐까?

그 과정에서 하나의 갈증이 고개를 들었다.

"나는 기술을 제대로 이해하고 있는가?"

사실 그동안의 해외영업은 제품과 기술 사이에서 윤활유 역할을 담당했다. 기술팀과 고객 사이를 오가며, 양측의 언어를 번역하고 해석하는 '중간다리' 역할이었다. 문득, 그 다리의 중심이 아니라, 직접 기술을 주도하고 싶다는 갈망이 커졌다. 내가 직접 기술에 들어가 설계도 해 보고, 공정도 경험해 보고 싶었다.

공학도 출신으로서, 학부 시절 전공했던 재료공학은 여전히 내 안에 남아 있었다. 어쩌면, 영업이라는 이름 아래 기술에서 멀어져 있던 나 자신이 아쉬웠던 것인지도 모른다. 무엇보다 영업이라는 직무가 결국 전문적인 '스페셜리스트'보다는 전체를 담당하는 '제너럴리스트'에 가까운 영역이라는 생각이 강해지며, 나만의 전문 영역이 필요하다는 내면의 목소리가 커져만 갔다. 결국 나는 큰 결심을 하게 된다.

직무의 전환

영업의 길을 잠시 접고, 기술을 경험해 보자는 생각에 설계팀으로의 전환을 요청했고, 운이 좋게도 새로운 직무에서의 기회를 얻게 되었다. 처음으로 제품 구조를 이해하고, 설계도면을 직접 그려 보고, 생산 공정을 검토하며, 기술에 대한 깊이를 쌓기 시작했다. 고객과 미팅할 때에도 기술적 제안을 직접 이끌며 소통하는 경험은, 과거 영업에서는 느끼지 못했던 또 다른 성취감을 안겨 주었다.

그렇게 4년을 보내고 난 뒤, 나는 또 한 번 깨달았다. 나는 여전히 '영업하는 사람'이었다. 늘 영업인으로서 설계를 하고 있었다. 설계 직무를 하면서도 고객의 니즈를 파악하고, 제품 구조의 방향성을 제안하며, 어떻게 하면 고객이 만족할지를 먼저 고민하는 내 모습을 보며 느꼈다.

뼛속까지 공학도라 생각했던 내가, 사실은 뼛속까지 '영업인'이었다는 것을 알 수 있었다. 사실상 오랜 기간 영업을 했기에 엔지니어 마스터의 시각을 갖기는 어렵다는 점을 실감했다. 그런 생각을 하던 와중에 회사 복도 한편에 걸려 있는 문구가 나를 사로잡았.

'영업이 영업만 잘해서는 안 되고, 설계가 설계만 잘해서는 안 된다.'

결국 기업은 팀워크로 움직이는 유기체다. 설계, 품질, 생산, 구매 등 수많은 부서들이 각자의 전문성을 바탕으로 고객을 만족시키기 위해 움직이는 집단이다. 영업이 혼자서는 아무것도 할 수 없는 이유도 여기에 있다. 설계가 제안한 구조가 있어야 하고, 품질이 보증하는 신뢰가 뒷받침되어야 하며, 생산이 안정적으로 이어져야만 고객에게 약속한 가치를 실현할 수 있다. 영업은 이 모든 연결고리의 맨 앞에서 고객과 맞닿아 있는 '얼굴'이자 '창구'일 뿐이다.

창구의 역할에서 직접 설계하는 일까지 해 보니 일이 전체적으로 어떻게 흘러가는지 알 수 있게 되었다. 내 일만 끝나면 끝이 아니라, 내가 한 일이 어떤 영향을 미치고, 어디에서 어떤 길로 가게 될지를 직접 경험했다.

점점 확장하기

성장이란 스스로를 확장할 때 일어나는 일이다. 확장은 매일 같은 일을 하면서는 이루어지지 않는다. 무언가 새로운 경험을 해야 확장할 수 있다. 내게 설계로의 전환은 도전의 시간이었고, 확장의 개념이었다. 일반적인 영업과는 다른 설계적인 시야를 가질 수 있게 만들어 준 시간이었다.

젊을 때 사서 고생하라는 말이 있는 이유는, 다양한 경험이 언젠가 귀중하게 쓰이기 때문이다. 영어 공부가 해외영업의 기회로 주어졌고, 선배의 퇴직이 내 능력의 확장으로 이어졌다. 설계로의 전환은 내 시야를 단순한 숫자 관리가 아닌, 실제 제품과 그 근본에 있는 기술을 배울 수 있는 기회였다.

대학 때 배웠던 재료 공학도 설계업무에 많이 접목되었다. 재료적 특성을 이해하고 난 뒤에 바라보는 제품은 남달랐다. 왜 플라스틱을 많이 쓰는지, 왜 꼭 특정 원재료를 써야만 하는지, 어떻게 해야 더 튼튼한 제품을 만들 수 있는지에 대한 방법을 재료공학에서 찾았다. 그렇게 좀 더 전문적이고 영업적인 설계 생활을 할 수 있었다.

4
다시 시작된 여정

한 직장에서 10년이라는 시간을 보내며 글로벌 고객과의 비즈니스를 담당했던 내가, 이제는 또 다른 길목에서 새로운 문을 열게 되었다. 기존의 회사에서 현재 몸담고 있는 회사로의 이직이었다. 새로운 조직, 새로운 시장, 그리고 새로운 고객을 상대로 영업을 수행하게 되었다. 해외 고객들과의 오랜 협업 경험과 설계 업무에 대한 이해를 바탕으로, 나에게는 조금은 낯설고도 신선한 '국내 고객'을 상대하는 영업의 업무가 시작되었다.

이 변화는 단순한 이직이 아니었다. 나 자신을 다시 돌아보고, 그동안 쌓아온 경험과 역량을 재정의하는 계기이자, '영업'이라는 단어의 본질을 다시 생각해 보게 되는 여정이었다. 사실 10년 전만 해도 자동차 부품 개발의 흐름을 잡고 있었고, 개발 프로세스나 글로벌 업체 대응은 이제 익숙한 언어였지만, 새로운 고객은 그 이상의 섬세함과 전략, 그리고 무엇보다 끊임없는 신뢰 구축이 필요하다는 사실을 직접 체감하고 있다.

새로운 곳에서의 영업은 분명 도전적이다. 단순히 가격 경쟁력이나 납기 대응을 넘어서 고객과의 긴밀한 유대, 때로는 암묵적인 신뢰 기반 위에 성사되는 복잡한 퍼즐 맞추기 같았다. 해외 고객을 상대하며 익힌 경험이 분명 자산이 되었지만, 그 자산을 국내 시장의 정서와 속도에 맞게 녹여 내는 일은 또 다른 차원의 역량을 요구했다.

그럼에도 나는 확신한다. 해외 고객사와 국내 고객사를 모두 경험해 본 사람은 흔치 않으며, 특히 영업과 설계를 모두 경험해 본 하이브리드형 인재는 더욱 드물다는 것을. 이 경험들이 언젠가 내 커리어의 중요한 전환점이자 결정적인 경쟁력이 될 것이라는 확신이 나를 앞으로 나아가게 한다.

무엇보다 중요한 건 '영업'이라는 직무에 대한 정의가 점점 더 선명해진다는 사실이다. 단지 제품을 파는 것이 아닌, 기술과 품질, 그리고 신뢰라는 무형의 가치를 전달하는 일이 중요하다는 점을 깨닫는다.

고객의 니즈를 읽고, 그 니즈를 조직 내부의 언어로 번역해 내며, 다시 고객에게 가장 알맞은 솔루션으로 되돌려 주는 다리 역할을 하는 사람이 영업인이다. 영업은 결국 사람과 사람 사이의 신뢰를 만드는 일이며, 그것이 바로 회사의 얼굴이자, 성장의 척도라는 것을 매 순간 절감하게 된다.

이 글을 쓰는 동안 내 지난 10여 년 동안 걸어온 길을 되돌아보며, 수

많은 실패와 성공, 도전과 성장의 순간들이 떠올랐다. 회고의 순간에 떠올린 초심을 다시 마음속에 다잡는다. 앞으로도 나는 다시 초심으로 돌아가, 더 건강한 체력과 단단한 정신으로 또 한 걸음씩 나아가고자 한다.

'영업이란 무엇인가?'

기업의 중심에는 늘 고객이 있다. 회장님보다 높은 존재가 '고객'이라는 말이 과장이 아니라는 것을 체감한다. 누군가 이름을 붙여 줄 때 꽃이 된다고 하던가. 결국 고객이 선택하고, 구매해 줄 때 제품의 가치는 비로소 실현된다. 그렇기에 모든 직무가 영업 마인드를 가져야 한다는 말은 단순한 구호가 아닌, 현실적인 생존 전략이다.

Customer Oriented. 어느 부서이든 관계없이 고객 지향적인 사고방식이 필요하다. 누구나 가져야 할 마음가짐이다. 내게 필요한 것은 설계의 전문성이나 영업의 전체성이 아니었다. 바로 고객 지향적인 사고방식이 내재되어 있어야 업무를 시작할 수 있다는 마음가짐이었다.

이제는 업무의 성격을 떠나, 고객을 대할 때면 언제나 같은 마음가짐으로 임하려 한다. 나를 찾아주는 이들, 나를 기다리는 이들, 나를 신뢰하는 이들. 그들이 바로 나의 고객이고, 나의 존재 이유이며, 내가 성장할 수 있는 원동력이다.

앞으로 나는 단순히 제품을 팔거나 설계를 완성하는 사람이 아니라,

고객과 회사, 기술과 영업을 잇는 다리가 되고자 한다. 고객의 요구와 기대를 듣고, 기술적 가능성과 현실적 제약을 연결하며, 회사 전체가 고객 가치를 실현할 수 있도록 이끄는 역할. 그것이 내가 추구해야 할 새로운 도전이자, 내가 가진 가장 큰 무기다.

 고객의 신뢰를 쌓는 일은 하루아침에 완성되지 않지만, 매 순간 고객을 향한 마음가짐과 책임감에서 비롯된 작은 선택들이 모여 큰 신뢰를 만든다는 것을 믿는다. 기술을 경험하고, 설계를 이해하며, 영업의 본질을 다시 돌아본 지금, 나는 더 단단해지고, 더 깊이 있는 영업인으로 확장하고자 한다.

 영업이란 단순히 제품을 사고파는 일이 아니다. 그것은 사람과 사람 사이의 신뢰를 쌓는 일이며, 문제를 해결하고 관계를 유지하며 가치를 전달하는 과정이다. 영업인은 고객의 요구를 이해하고, 조직 내부와 외부를 연결하는 다리 역할을 수행한다. 기술과 품질, 가격이라는 유형적 요소뿐 아니라, 신뢰와 소통, 배려와 설득이라는 무형적 가치를 함께 다루는 사람이다.

 영업은 종종 결과로 평가받지만, 그 과정에서 얼마나 준비하고, 얼마나 상대를 이해하며, 얼마나 책임감 있게 행동했는지가 진짜 힘을 만든다. 매출, 숫자 하나보다, 고객의 마음과 신뢰, 그리고 장기적 관계 구축이 더욱 중요하다.

 즉, 영업은 사람을 이해하고, 신뢰를 쌓으며, 회사와 고객 모두에게 가치를 만드는 일이다. 그 과정을 통해 영업인은 스스로 성장하고, 조직과 사회에 긍정적인 영향을 남긴다.

　나에게 영업이란, 바로 이 사람과 사람 사이를 잇는 힘이며, 회사의 미래를 만들어 가는 일이다. 그렇게 영업은 연결이 된다.

지성근

영업은 현재 진행형이다

1. 영업이라는 환상에서 깨어나다
2. 영업은 삶이다
3. 영업이 가르쳐 준 것들
4. 인생이라는 훈련장
5. 후회 없는 영업인이 되기 위하여

1
영업이라는 환상에서 깨어나다

영업은 현재 진행형이다

10년간 영업이란 곳에서 몸담고 있지만 여전히 영업에 대해서 많은 것을 알지 못한다. 20년 넘게 일을 한 사람들도 영업에 대해 정의를 내리자면 명쾌하게 대답할 수 없을 것이라 생각한다.

회사에 입사하기 전 영업이라고 하면 술이 빠질 수 없고, 고객과의 원활한 소통을 위해 흔히 말하는 '사바사바'를 잘하는 것에 대한 이미지를 떠올리곤 했다. 원하는 이익과 목적을 달성하기 위해서 안 되는 것도 한 잔의 술과 만남을 통해 영업력으로 해결할 수 있고, 불가능도 가능으로 만드는 영업인들을 떠올렸다.

어릴 때부터 입사 전까지 주위 어른들, 친구들, 나아가 조기 축구회 형님들까지도 "이 녀석 이거 영업하면 잘하겠네. 너 영업해라."라고 이야기할 정도로 개방적이고 외향적인 성격이었기에 다른 일보다 영업에 대한 환상과 친근감이 있었다.

　나는 내가 영업을 하게 되면 드라마 미생의 장그래라도 될 줄 알았고, 사람들을 즐겁게 해 주는 것을 좋아했기에 영업은 내 천직일 것이라 생각했다. 그러나 입사하고 나서 돌이켜보면 드라마나 주변 사람들이 나의 겉모습만 보고 판단한 것 같다. 쉽게 말하면 드라마가 환상을 만든 셈이다.

　드라마에서는 매일 같이 재미있는 일이 일어나고, 여주인공과의 러브라인이 형성되며, 선남선녀들이 콩닥콩닥 두근거려가며 회사를 다닌다. 해외에서 오는 중요 고객들에게 힘을 숨기고 조용하게 일하던 신입사원이 뛰어난 능력을 발휘하며 큰 계약을 수주한다든지의 일이 발생한다. 재벌의 핍박에 다같이 한뜻으로 권선징악을 실현한다는 등의 일들이 일어나지 않을까 생각했던 나였다.

　나이만 먹은 철부지였던 스물일곱 살의 나에겐 회사의 영업사원이라는 것이 그런 추억들이나 이벤트들을 통해 가재 잡고 도랑치는 자아실현의 현장이라고 생각했다. 그런 나의 꿈들은 신입사원 교육을 2주간 마친 후 현업에 배치되면서 산산 조각이 났다.

　현업에 들어가 만난 사수에게 제일 처음 들었던 이야기가 "우리는 일이 끝나기 전까지는 함께 해야 한다."였다. 주위에는 TV에서 나오는 로맨스를 일으킬 일도 없었고 내 앞에는 환하게 빛나는 모니터와 회사에서 생산하는 제품 샘플뿐이었다. 나의 로망은 점점 현실을 깨달으며 변하기 시작했다.

　신입사원 환영회 회식 때에도 무언가 반전이 있을 줄 알았지만, 즐거운 분위기에서 동기와 의리주를 커다란 대접에 마시게 되었다. 동기는 미안하다는 귓속말과 함께 입술만 담그고, 같이 친해질 기회나 시간도 없었던 동기와의 의리를 위해 대접의 술을 내 몸속으로 집어넣었다. 다음날 눈을 뜨니 찢어진 양복들과 아침 기상 알람이었다.
　쓰린 속을 달래며 회사에 출근하니 대학교 때와는 다르게 정말 아무 일도 없었다는 듯이 흘러가고 있었다. 학교에서는 술 마신 다음날 친구들과 전날의 추억을 이야기를 하며 시간을 보내는 일이 즐거웠는데, 그런 것도 없이 업무를 지시받고 시작하는데 정말 나는 이제 회사원이 되었구나를 직감했다.
　그렇게 나의 현실을 받아들이고 하루하루가 지나니 1년이 흐르고 2년이 흐르고 다니던 회사를 퇴사를 하고, 다시 4개월 만에 재입사를 하며 영업에 몸담은 지 10년이란 시간이 흘렀다. 10년이면 강산도 바뀐다고 한다. 그 기간 동안 사랑하는 여자를 만나 결혼도 하고 내 집 마련도 하며 사람답게 살고 있다.
　오랜 시간 속에서 많은 드라마 같은 일들, 울고 웃었던 추억들이 많았다. 나는 여전히 영업이 무엇인지 모르겠지만 영업과 함께한 나의 인생은 10년 전부터 지금까지 계속해서 흐르고 있다. 나는 스스로가 일에 재능이 있다고 생각하지 않는 범부 중 한 명이라고 생각한다. 그럼에도 불구하고 영업을 통해 살아가고 가정을 이루며 보금자리를 마련하는 등의 일들을 통해 성장을 만들어 냈고, 그에 대한 감사를 잊지 않는다.

누군가 나에게 영업이 무엇인가를 물어본다면 영업은 나의 '현재 진행형'이라고 답하고 싶다. 앞으로의 미래는 누구도 예측할 수 없지만, 여전히 진행하고 있는 현실에 살아가고 있는 나를 만들어가는 동료이자 터전이다. 그런 영업과 함께 했던 10년의 시간을 한 번 이야기해 보려 한다.

영업이란 무엇인가?

영업이란 무엇인가? 입사하면서 임원분께서 말씀하셨던 조언이 떠오르곤 한다.

"영업은 회사의 시작과 끝이다."

처음에 영업은 제조 쪽에서 만들어진 제품을 가지고 그 가치를 고객에게 전달하고, 그 가치만큼 재화를 제공받는 것이라고 생각했다. 10년차의 영업인으로서 생각해 본다. 영업이란 고객에게 만들어지지 않은 제품의 가치를 먼저 제안하고, 제안된 가치가 포함된 제품을 수주하고 제품을 시장에 내놓는 모든 일련의 활동이 영업이라 생각된다. 시작하고 끝내는 일을 하는 사람이 영업인이다.

소통하는 창구, 영업

영업부서는 다른 부서와 다르게 항상 소통이 끊이질 않는다. 소통 안에는 다양한 주제들이 많다. 일 이야기부터 시작되어 사람들 간의 관계 이야기, 사적인 이야기 등 그 속에서 다양한 이야기들이 오간다.

업무에 대해서 모르는 주제를 딱딱하게 바로 물어보기보다는 아이스 브레이킹을 통해 분위기를 부드럽게 만든 다음 이야기를 시작한다. 가끔 나도 모르게 주제와는 멀어지며 시간을 보내며 대화에 장을 열 때도 있다. 물론 다시 회의로 돌아와 맡은 회의를 진행하며 고객사의 방향성을 공유하고, 업무를 진행하면서 애로사항에 대한 공감 등 다양한 이야기를 한다.

고객과의 업무에서는 한 차종의 제품 초도가를 잡기 위해서 오롯이 가격에 대한 이야기를 하는 것이 아니라, 자료를 보며 이 제품이 만들어지는 전 과정에 대해서 설명을 한다. 다른 차종의 부연 설명과 비교 설명을 통해 전 과정에 대해 협의를 한다.

또한 필요한 부분에 대해서는 고객이 실제로 공장에 직접 방문하여 제조 과정을 같이 확인하고 설명을 하며, 보충 자료에 대해서는 공장 담당자라든지, 설계 담당자를 통해 필요 자료를 확인 후 고객에게 인정받는다. 협의 사항에서 나오는 이슈 사항에 대해서는 사내 유관 부서를 통해 종합적으로 대응한다.

영업은 단순히 가격 결정을 하는 직무가 아니다. 회사의 전 제조 과정과 유관부서와의 협업을 통해 전체 과정이 숫자화되어 가격으로 결정되는 역할을 하는 사람이다. 소통의 창구로 자리하여 내부를 대변하고, 고객의 소리를 공유하는 중간자의 역할을 수행한다.

은행에 가면 은행원들이 친절하게 마주한다. 가끔 불친절한 은행원도 있지만, 대부분은 친절한 미소로 맞이해 준다. 영업인이 소통 창구 역할을 하며 유의해야 할 일은 한 가지다. 나는 친절한 미소로 고객을 맞이하고, 내부에 공유하는가?

영업인은 늘 미소를 잃지 말아야 한다. 창구란 그런 역할을 하는 곳이다.

배우고 성장하는 영업인

내가 맡은 영역의 업무가 아닌데, 내가 해야 할 업무들로 넘어오는 경우가 종종 있다. 공통 조사 업무로 봐야 할 업무인데도, 아무런 말이나 지시가 없거나 "별일 아니니 네가 한번 해 봐."라는 말을 하며 일이 맡겨지는 경우가 있다.

처음에는 막막한 상태로 업무를 파악한다. 시간이 지나며 업무를 하나씩 해결할 때 스스로가 성장했구나를 느낀다. 처음에 들었던 막막한 마음에서 "별일 아닌 일인데 왜 불안해했을까. 정말 별일 아니었네."라는 생각이 들면서 스스로 무안함이 밀려오는 경우가 있다.

예전에는 일은 돈을 버는 수단이라는 생각에 자기가 맡은 일만 잘하면 된다는 생각을 했다. 이제는 일을 통해서 돈도 벌며, 인격적으로 스스로를 한 단계 성장시켜 주는 것이라는 생각을 하게 된다.

한 번은 고객과 협의를 진행하고 있는데, 그 일이 정말 난해하고, 복잡한 일이었다. 너무 힘들어 일을 그만두고 싶을 정도였다. 한 번은 예상치 못한 이슈가 생겨 크게 문제가 되었던 적이 있었다. 그런 일이 일어날 때마다 감정적으로 너무 힘들어 아직도 그 기억이 나를 괴롭힌다.

문제가 생겼을 때 함께 일하는 동료나 상사에게 죄송한 마음이 앞선다. 그때마다 선배들은 "이러면서 성장하는 것이다. 앞으로 잘하면 되고, 지금까지의 모든 이슈는 성장의 자양분이다."라고 하시며 위로와 용기를 북돋아 주셨다. 그럴 때마다 더 열심히 해야 한다는 다짐을 하게 된다.

눈앞에 주어진 일만 빨리 끝내자는 생각보다는, 고객을 설득할 수 있고, 이슈를 최소화하도록 꼼꼼히 자료를 작성하자는 생각으로 준비했다. 고객의 요청에 적극적으로 대응하여 고객사에서 만족의 메시지를 듣게 되었고, 그에 대한 만족감이 하루를 알차게 보내는 원동력이 되었다.

지금 이 업무는 한때 나를 괴롭히는 일이었지만, 책임감과 고객 신뢰라는 관점에서 최선을 다한 과정이 오히려 나를 성장시키는 계기가 되었다. 매 순간 최선을 다해 자료를 만들며 고객과의 신뢰를 쌓았고, 이제는 매월 큰 이슈 없이 정기적으로 진행되는 안정적인 업무가 되었다. 그런 나 자신을 보며 성장의 의미를 되새긴다.

니체는 "나를 죽이지 못하는 고통은 나를 강하게 만든다."고 말했다. 예전엔 왜 죽을 정도의 고통을 견뎌야 하는지 이해되지 않았지만, 지금은 성장이란 반드시 고통을 동반한다는 사실을 다시금 깨닫고 있다.

포장하는 사람

모든 직종의 업에 대해서는 본질이 중요하다. '내가 속한 영업의 본질은 무엇일까?'를 생각해 보았다.

영업의 본질은 우리의 가치를 고객에게 잘 포장하여 전달하는 일이라 생각한다. 그 가치를 잘 전달하기 위해서는 포장지가 필요하다. 사람들이 선물을 고르고 그에 걸맞은 포장지를 선택하듯이, 제품이 선택받으려면 제품의 높은 가치와 제품을 포장하는 포장술이 잘 가미되어야 한다. 명품 가방은 명품 박스에 들어 있지 낡은 박스에 들어 있지 않는 것처럼, 포장이 제대로 되지 않는다면 우리의 가치가 제대로 전달되지 않는다.

포장을 잘하는 사람이어야 한다. 물론 겉으로만 그럴듯하게 꾸며서는 안 된다. 겉모습에 속았던 적이 얼마나 많은가. 그럴 때 제품에 대한 신뢰도와 이를 제공한 사람에게도 신뢰도가 낮아진다. 솔직함 또한 포장술의 영역이다.

포장을 하면 다시 풀어서 살펴볼 수 없다. 흔적이 남기 때문이다. 영업인도 마찬가지다. 제품에 대해 정확하게 알고 있어야 한다. 고객이 질문하거나, 공정에 대해 물었을 때 보지 않고서도 답변을 할 수 있어야 한다. '한번 확인해 보겠습니다.'라는 말은 한 번이면 족하다. 만약 지속해서 이런 말이 이어진다면 고객은 제품의 신뢰도보다 마주하고 있는 사람에 대한 신뢰를 잃어 간다.

회사의 제품에 대해 전문가가 되어야 하는 이유가 이것이다. 신뢰도의 상승을 위하여 우리는 어떤 분야이든 답변할 준비가 되어 있는 사람으로 변해야 한다. 설계를 물어보면 대략적인 설계에 대한 답변이 가능할 지식을 갖고 있어야 하고, 품질적으로 문제가 없는지에 대해서도 알아야 한다. 이것이 고객 접점에서 포장을 담당한 사람이 해야 할 일이다.

영업이란 시작하고 끝내는 사람이다. 고객에게 선택받아 일을 시작하고, 포장으로 마무리하는 사람이다. 그 과정에서 힘든 일이 있어도 이를 이겨 내고, 늘 성장하며 소통하는 사람으로 머물 때 좋은 영업인이 될 것이다. 그런 영업인이 되기를 희망한다.

2
영업은 삶이다

칭찬은 고래도 춤추게 한다

드라마 미생에서 나오는 일화가 있다. 무역회사의 사장이 엘리베이터를 기다리며 함께 있던 임원에게 "회사원에게는 적당한 돈과 승진만이 가장 큰 위로"라고 이야기한다. 하지만 매달 들어오는 월급이 그전에 지출로 바로 날아가 급여가 와닿지 않는 나에게는 인정이라는 가치가 가장 큰 기쁨인 것 같다.

어려운 업무를 맡아 문제없이 마무리했을 때의 주변 동료들의 인정과 회사에서 팀장님께서 보내 주시는 칭찬, 고객사 제출된 자료가 잘 마무리되어 수고했다는 수화기 너머 고객이 해 주는 격려의 말 등 누군가가 나를 인정한다는 부분이 회사에서 일을 할 때 가장 큰 기쁨이라고 생각한다.

사원 시절에는 고객사에 나의 존재가 드러나거나, 어려운 일을 맞닥뜨렸을 때는 고객사의 독촉에 대해 대응을 하며 생기는 괴로움에 대한 두려움이 컸다. 그런 업무들을 해결하며 고객사를 통해서 좋은 피드백을 받을 때는 내면에서 뿌듯함이 올라온다.

"고난은 쓰고 열매는 달다."라는 말을 몸소 느끼는 현장에서 일을 통해 과정과 결과에서 스스로의 성취감과 성장이 느껴질 때가 있다. 그 이후에 따라오는 고생했다는 그 인정은 지나온 고통과 고난의 순간들을 한순간에 보상받는 기분이 든다.

영업은 남자들의 분야라는 인식이 강한 세상이다. 남자들끼리 있기에 칭찬이 인색한 경우가 있다. 결과에 대해 지적은 쉽지만 인정이나 칭찬은 무언가 어색하다. 남자들끼리 있는데 '네가 최고야.'라고 말하는 사람은 몇 명 없었다.

물론 그분들도 그런 인정이나 칭찬을 받아온 세대가 아니었다. 그렇다면 지금부터 칭찬을 해 보면 어떨까. 나도 누군가를 인정하는 것이 어렵다. 그럼에도 불구하고 함께 하고 있는 후배들에게 칭찬과 격려를 아끼지 않으려고 노력한다. 말 한마디가 그렇게 어렵지는 않다. 돈이 드는 것도 아니기에 수고했다는 말을 자주 하려고 한다.

내가 하고 싶지 않은 일을 남에게 시키지 말라는 공자님의 말씀처럼 내가 듣고 싶지 않은 꾸짖음을 듣지 않기 위해 애쓰고, 내가 듣고 싶은 칭찬을 상대방에게 하려고 노력한다.

야근하는 남자

영업과 고객은 접점에 있다. 양사 간의 소통 창구라고 볼 수 있다. 영업도 모든 유관부서의 정보를 고객에게 공유하고, 고객사도 고객사의 유관부서에서 요청 오는 정보에 대해 영업에게 요청한다. 한 번씩 고객사에서 급하게 업무를 요청하는 메일을 받을 때는 당황하곤 한다.

신입 사원 시절에 그런 유형의 업무를 하며 '신뢰'를 중요시하는 회사 선배들의 분위기에 맞추어 열심히 대응하는 과정에서 예측할 수 없는 야근을 많이 하게 되었다. 지금 돌이켜보면 이 정도까지의 업무가 아니라고 생각이 되는데, 장인 정신이 투철한 것인지, 나만의 고집이 있었던 것인지 그 당시의 업무를 하기 위해 투자했던 시간이 아쉽게 느껴진다.

야근이 꼭 필요한 일인가? 아니다. 실력을 쌓아 빠르게 끝낼 수 있도록 만들어야 한다. 연차가 쌓이면서 느끼는 점은 일은 고객사와 자주 소통하며 함께 일해야 한다는 점이다. 내가 만드는 자료는 고객사 담당자에게 공유되고, 고객 담당자 또한 상위 직급자에게 보고해야 한다. 그 자료는 나와 고객의 의견이 함께 종합된 의견이어야 한다.

우리 회사의 의지와 고객사 담당자의 의지가 반영된 의견이 들어가야 하는데, 고객과 협의되기 전 자료를 처음부터 너무 꼼꼼하게 본 적이 많았다. 그러다 보면 고객과 협의하기 전부터 진이 빠진다. 방향이 잘못되어 처음부터 다시 했던 적도 여러 번이다. 다시 목표했던 일정에 맞추기 위해 야근이 시작된다.

항상 처음부터 완벽하게 하려는 태도도 문제가 된다. 완벽을 추구하는 동료와 함께 일했던 적이 있었는데, 야근이 잦았기에 피로가 누적되고, 근로의욕이 떨어졌던 기억이 있다.

매일 일하는 사람은 재충전의 시간이 필요하다. 잠만 잔다고 재충전이 되는 것이 아니라, 퇴근 후 눈 떠 있는 시간에 유연한 생각도 하고 일과 잠시 멀어져야 다음날 일을 대할 때의 태도도 재충전되어 신선하게 일을 시작할 수 있다.

미생에서 주인공의 상사였던 오상식 과장은 항상 눈이 빨간 상태로 늦게까지 야근하는 캐릭터였다. 우리 주변에도 늦게까지 야근하는 사람의 눈을 보면 붉게 물든 상태인 사람이 많다. 주변 사람이 야근으로 힘들어하면 손을 내밀어 주거나 함께 집에 갈 수 있도록 관심을 가져주자. 그것이 팀이다.

궤도를 이탈하기는 쉬우나 정상궤도에 들어가는 것은 어렵다.

하고 싶은 일이 있어 회사를 잠시 퇴사했다가 다시 입사한 이력이 있다. 감사하게도 회사에서 나의 재입사를 받아 주면서 1년을 계약직으로 근무 후 서류 전형과 시험 및 면접 전형을 치르면서 정규직으로 복직하게 되었다.

회사에서 5년 주기로 장기근속연수에 따라서 금을 나눠주는 제도가 있다. 나는 같이 입사한 동기들과 달리 5년차에 퇴사를 하고 재입사를 하게 되어 근속연수 인정이 안 되었다.

포상 날에 출장이나 연차로 자리를 비우는 동기들의 부탁으로 대리 수령을 하게 되었는데, 분배하는 담당자분이 "너무 아쉽다, 5년 시간 금방 가니까 다음에 꼭 받으러 오세요."라며 힘내라는 위로의 말을 금과 함께 전해 주었다. 다시 재입사를 할 줄 알았더라면, 4개월만 그 자리를 묵묵히 버티면 받을 수 있는 포상을 5년이라는 시간을 재시작 해야 한다는 부분에 후회가 밀려왔다.

4개월의 이탈로 인해 벌어진 동기 들과의 격차를 메꾸기 위해서 2년이라는 시간이 걸렸다. 퇴사 후 적어진 수입으로 인해 생각 못 했던 많은 부분에서 차이가 생겼다. 퇴사 전 주변 동료들이 있는 위치로 다시 돌아가기 위해 시간이 많이 소요되었다.

포상을 받고, 안 받고의 문제가 아니었다. 모든 것은 때가 있다는 것을 느꼈고, 지금 내 시간은 무언가를 경험하는 시간으로 활용하기에는 포기해야 할 가치들이 많다는 점을 느낀다. 학창 시절과는 전혀 다르다는 것을 다시금 느끼게 되었다. 젊을 때 무엇이던 값진 경험을 할 수 있는 것이 좋지만 사람은 다 때가 있다는 것을 알아야 한다.

사람들과 어울려 살아가고 조직생활을 하는 사람에게는 일의 능률을 위해서라도 때에 맞는 행동을 해야 한다. 한창 일할 나이에는 부지런히 일해야 하고, 결혼할 때 결혼하고, 가정을 꾸릴 때는 꾸려야 한다. 공부할 수 있을 때 공부하고, 양육해야 할 때 양육해야 한다.

각자에게는 때가 있다. 각자의 때에서 궤도를 이탈하면 다시 정상궤도로 돌아오는데 몇 배의 노력이 필요하다. 그때를 놓치지 않기 위해 살아야 한다. 궤도를 벗어나지 말라는 말은 아니지만, 각자의 때를 놓치지 않아야 함을 알아야 한다.

영업인에게 필요한 역량

영업인으로서 잘 살아가기 위해서는 여러 역량이 필요하다. 첫 번째는 꼼꼼함이다. 모든 영업은 숫자로 이야기한다. 영업인의 언어가 숫자라는 말은 과언이 아니다. 고객에게 우리가 가치를 인정받을 만한 가격을 설명하기 위해서는 모든 논리가 맞아야 하고, 그 부분에서 오류가 발생하면 고객과의 신뢰가 낮아진다.

두 번째로는 대화와 협상 능력이다. 고객에게 인정받는 제품의 단가가 그 단가로 끝나는 것이 아니다. 생산기간과 연간 생산수량을 생각한다면 그 단가는 그 수량과 곱해져 거대한 숫자가 된다. (한 번씩 업무에서 다루는 돈과 내가 가진 자산을 비교하다 보면 괴리감이 오기도 한다.) 이 부분에 대해서 고객에게 인정받기 위해서는 대화와 협상 능력을 통해 우리가 생각하는 가치가 고객이 인정할 수 있는 가치와의 괴리감을 줄여야 한다.

세 번째로는 인정이다. 영업이란 고객과 내가 동일한 목적을 가지고 있지만 풀어 나가는 해결 방법이나 위치하고 있는 진영은 반대이다. 무조건 내가 맞다고 할 수 없다. 잘못된 부분이나 고객사에서 제시한

논리가 맞다면 인정하고 방법을 수정하여야 한다. 내가 틀린 부분도 인정할 줄 알아야 고객이 나에게 신뢰를 줄 수 있다.

이러한 역량들은 삶을 살아가는 데도 도움이 된다. 꼼꼼하게 매사 주어진 일을 처리하거나 가족, 친구들, 지인들과 문제가 있을 때, 대화와 협상을 통해 문제점을 해결하기도 하고, 스스로가 처해진 상황을 인정하고 내가 제공해 줄 수 있는 가치를 이야기하는 것, 모든 삶이 영업이라고 볼 수 있다.

인생은 워라원

영업을 하게 되면 항상 긴장하며 살아간다. 고객사의 소통창구 역할을 하게 되므로 정말 넓은 스펙트럼의 정보와 지식을 가지고 있어야 한다. 11년차가 되니, 내가 책임 지거나 정보를 내외부적으로 전달해야 할 일이 많다. 그럴 때마다 긴장을 놓고 살 수가 없어 노트북을 항상 가지고 다닌다.

요즘 워라밸이니, 4.5일 근무라니 다양한 이야기들이 많이 나오고 있는데, 그런 이야기를 들을 때마다 한 번씩은 나는 워라밸과는 거리가 있는 삶을 살고 있구나라는 생각이 들기도 한다.

나중에 가족들과 시간을 보낼 수 있을까, 가정적인 가족 구성원이 될 수 있을까라는 걱정이 들고, 어떻게 극복해야 할지 생각하게 된다. 결국 답은 '비교하지 않는 삶을 살자.'가 되었다. 모든 사람에게 주어진 상황이 다르듯이, 나도 내 삶을 살기 위해서는 나 자신만을 기준으로 사는 것이 맞는 것 같다.

워라밸의 삶이 아닌 워라원(워크와 라이프는 하나다.)라는 생각으로 살아야 한다. 긴급하게 요청 오는 일들도 책임감 있게 해내야 한다. 무언가 동료들이나 고객에게 도움이 되었을 때 느낄 수 있는 보람은 누구나 가질 수 있는 것이 아니다.

해외 업체와 새로운 협업을 했던 적이 있었다. 시차와 언어의 문제를 감수하고, 실시간으로 대응하고 내부적으로 보고해야 하는 업무였다. 워라밸을 챙기기보다는 이 업무가 마무리될 때까지는 워크와 라이프는 하나라는 생각으로 컴퓨터를 들고 다니며 실시간으로 고객 업무 및 협업을 대응했었다.

주기적으로 정보를 내부적으로 공유하며, 의사 결정사항을 받아 진행하고, 고객과의 업무가 마무리되었을 때, 팀장님께서 '네가 있어 든든하다.'는 말씀을 하셨을 때 보람찼다. 인생은 워라원이다. 일을 한다는 것 자체가 라이프라는 점을 깨닫는다.

3
영업이 가르쳐 준 것들

혼자 살아갈 수 없는 세상

해외 고객 대응을 위해 현지 지원 업무를 진행하면서 문제가 있을 경우 이를 해결하기 위해 관련 부서 및 고객사와 소통해서 여러 해결 방안들을 강구한다. 그중 대부분은 이슈를 제기한 업체에서 해결이 되지만 내가 직접적으로 도움을 주는 경우가 많다.

내가 해결한 부분이 큰일이 아니지만 업체에서 감사를 표하는 모습을 보면 스스로가 뿌듯하고, 또한 해외 업무를 진행하면서 필요한 부분들을 현지 업체에서 더 적극적으로 알려주고 도움을 줄 때, 서로 WIN-WIN하는 관계가 형성되어 행복감을 느낀다.

행복감에서 끝이 아니라 서로가 서로에게 도움이 되는 관계가 되고 선순환의 구조가 발생하게 된다. 사람 인(人)과 같이 사람은 혼자 우뚝 설 수 없고, 서로가 서로를 믿고 기대고 도와주며 살아가는 존재라는 것을 매 순간 느끼게 된다.

학창 시절에는 여러 과목을 공부한다. 누구는 영어를 잘하고 누구는 수학을 잘한다. 나도 수학은 못해서 아직까지도 누가 수학 문제를 물어보면, 못 들은 척한다. 현재 하는 일도 2명이 한 파트가 되어 일한다. 같이 일하는 후임이 나보다 숫자를 다루는 면에서 훌륭하다. 내가 출장이나 휴가로 부재 시, 내 일까지 도맡아 해 준다. 나도 똑같이 자리 부재 시에는 일을 해 주고, 내가 바쁠 때 내 일을 대신 처리한다. 내 업무를 잠시 부탁할 때는 자그마한 선물이라도 준비해서 마음 표현을 한다.

사실 일로 만난 사이긴 하지만, 그전에 사람과 사람이 하는 일이다. 그 안에서 서로를 존중하고 도우며 살아갈 때, 힘든 일도 극복할 수 있고, 회사의 일에 마음 편히 매진할 수 있지 않을까? 서로 의지할 수 있고, 믿고 맡길 수 있는 관계가 이어질 때 좋은 삶이 되는 듯하다. 그런 삶을 만들어가고자 노력한다.

이해하고 인정하는 세상

복싱 챔피언이었던 마이크 타이슨의 유명한 명언이 있다. "누구나 그럴싸한 계획을 세운다. 나한테 한 대 맞기 전까지는."이라는 말이 있다. 출장을 통해 고객과 협상을 하게 되면, 고객과 만나기 전에 세웠던 내 시나리오나 계획들은 전부 틀어진다. 말 그대로 머릿속에 하얗게 변한다.

고객과의 처음 만났을 때는 당황해서 말도 잘 안 나올 때가 있었고, 더 긴장해서 해야 할 말도 '내 한마디에 회사에 피해가 가지 않을까.'라는 생각에 입을 더 열지 못하기도 했다.

지금 와서 생각해 보면 이 긴장은 '실수하면 안 돼!'라는 걱정에서 비롯되었다는 것을 느낀다. 나도 내 스스로를 모르는데 남의 마음을 어떻게 알겠는가. 요즘은 단기적인 이익을 위해서 고객을 설득하기 보다 있는 상황을 그대로 공유하고 같이 목표를 향해 이야기하는 방법으로 고객 응대법을 바꾸게 되었다. 사원 때 했던 걱정은 변한 응대 방식으로 여유가 되었다.

고객의 마음도 이해가 간다. 평범하게 옷 한 벌 살 때 5만 원짜리 옷을 사도, 무엇이 문제인지, 바느질이 문제없이 잘 되어 있는지, 디자인은 어떤지 꼼꼼하게 따져 보고 입어 본다. 그다음에 마음에 들면 제품을 구매한다. 고객도 마찬가지다. 숫자 하나 제대로 살피지 않으면 어떤 파급효과가 나올지 모르기에, 꼼꼼하게 검토할 수밖에 없다. 그런 이해를 바탕으로 고객을 바라볼 때 당연한 일을 하고 있음을 깨닫는다.

걱정은 준비가 덜 된 상태에서 비롯된다. 준비가 덜 되었는데, 잘하려고만 하는 의욕만 앞설 때 여유가 사라지고, 걱정만 자리한다. 고객이 꼼꼼하게 보는 것은 당연한 일이다. 이러한 사실을 알고 대면하면 좀 더 여유로워질 것이다.

감사하는 선배가 되자

후임들이 실수를 하거나 모르는 것을 물어볼 때, 최선을 다해서 감정이 상하지 않게 노력한다. 나 또한 고참이지만 모르는 부분이 많고, 새로운 것들에 대해서는 신입사원들이 잘 알기 때문에 자주 도움을 받는다. 가는 말이 고와야 오는 말이 곱다. 인상 쓰지 말고 웃으며 사람들에게 친절한 사람이 되자.

요즘은 3불(불안, 불만, 불평)인 사람은 멀리하고 3감(감사, 감동, 감탄)하는 사람이 각광받는 시대다. 다들 매사에 감사하고 감동하고 감탄하는 사람이 되도록 노력해 보는 것이 어떨까.

함께 일하는 후임이 나를 대신해 일을 처리한 적이 있었다. 확인을 못한 내 잘못도 있었지만, 바쁜 시기였기에 확인을 못하고 제출된 자료가 있었다. 제출했던 자료에는 오류가 있었고, 그에 따라 고객사의 지적사항으로 이어진 적이 있었다.

처음부터 다시 처리해야 한다는 불편함이 있었지만, 후임이 고의로 그런 것도 아니고, 선임인 내가 챙기지 못한 잘못이 더 크기에 다음부터는 꼼꼼하게 잘 처리하자고 이야기한 적이 있다. 나를 도와주겠다는 마음에서 일어난 일이기에, 불편했던 마음은 순식간에 사라졌다.

그 친구와 함께 일을 하며 배운 점도 많았다. 내가 가르쳐 주지 못한 부분이나 내가 인지하지 못했던 영역에서 좋은 아이디어를 제시하기도 하고, 새로운 방법으로 일을 효율적으로 처리했을 때 감탄을 한 적이 여러 번 있다. 나름 한다고 했지만 실수를 할 수도 있다. 그런 실수를 방지하기 위해 꼼꼼하게 자료 작성한 부분에 대해서는 감동하게 되었다.

후임과 함께 일하며 서로 소통도 잘되고, 잘못된 사항을 피드백해 주면서 점점 실력을 키워 나갔고, 함께하는데 손발이 잘 맞는다는 생각을 했었다. 물론 지금은 좋은 기회가 생겨 다른 회사로 이직했지만, 후임과 함께 일을 하는 법을 배울 수 있는 좋은 기회였다.

지금도 그 후임과 연락을 주고받으며 안부를 묻는다. 항상 감사하며 지내니 인연도 소중하게 다가오는 것이라 생각한다. 늘 감사하며 지낸다.

4
인생이라는 훈련장

각자의 길을 간다

인도네시아 출장 후, 인천공항에서 집으로 가는 리무진을 타고 가는 길에서 배와 비행기 그리고 내가 가는 리무진의 방향이 모두 다른 것을 보고 다들 각자의 길을 가는구나라는 생각이 들게 되었다.

인도에는 "당신이 과거를 생각하는 동안 현재는 과거가 되고 있다."라는 말이 있다. 현재의 삶에 충실하라는 이야기이다. 현재는 영어로 'Present'라고 해서 선물이라는 말도 있다. 그만큼 현재라는 것은 우리가 다시는 돌아갈 수 없는 지금 이 순간을 의미한다.

과거에 어떠한 일을 겪었건 어제의 일은 없다. 과거에 연연하는 것은 의미가 없다. 과거에 잘못되었던 것은 경험을 발판 삼아 같은 실수를 반복하지 않으면 더 나은 미래가 펼쳐질 것이다. 일을 잘하든 못하든 계속 시도하고 성장하면 된다. 어차피 각자가 목표로 하는 삶의 종착점 다르기에 지금 이 순간을 즐기자. 나는 나대로의 길을 걸어가면 된다.

남과의 비교로 스스로를 옭아매고 스트레스 주지 말자. 나라는 존재는 정말 존귀한 존재다. 나를 둘러싼 주변 환경보다 나를 감싸 주는 주변 사람들을 더욱 사랑하자. 떠날 사람은 붙잡아도 떠나고, 남을 사람은 떠나라고 해도 남는다.

영원한 것은 없다. 시작은 사랑이어도 끝은 원망으로 변할 수 있으니 스트레스 받지 말자. 남에게 보여지는 삶보다 내가 사는 그대로의 삶에 집중하자. 그래서 나는 나의 삶을 사랑한다.

태극권도 그렇고, 세상도 그렇고 결국 모든 것은 음양의 조화가 깃들어 있다고 생각한다. 햇빛이 있으면 그늘도 있고, 내가 만나는 사람에게도 장점과 단점이 있다. 고객사의 담당자가 누구든, 어떤 일을 하든 관계없이 우직하게 내 일을 하면 된다. 그들도 그들의 일을 하고 나도 나의 일을 한다. 그저 그뿐이다.

지금 알고 있는 것을 그때도 알았더라면

회사에서 등산 동아리에 가입해 열심히 활동하고 있다. 토요일 새벽에 만나 등산을 시작하는데, 다들 나이가 있어서 건강관리에 충실히 한다. 요즘은 산불이 크게 나면서 입산 통제가 되어 러닝을 등산으로 대체해서 활동하는 중이다.

등산을 못하게 되니 러닝을 즐겨하게 되었다. 예전처럼 헬스장에 가기에는 몸에 무리가 올 것 같고, 동료들과 함께 부담 없이 러닝을 하는 것이 딱 좋다.

평소 집 앞 신천 왕복 10km를 달린다. 예전에 부모님과 함께 지낼 때 근처 달릴 수 있는 거리가 왕복 5km밖에 안 됐었는데, 그때는 왜 그렇게 멀게만 느껴졌는지 모르겠다. 미리 운동하지 않았던 것이 후회가 될 정도이다. 지금 그 길은 주말에 한 번씩 동아리 사람들과 달리곤 한다.

우리가 살면서 예전에 대단해 보였던 것들, 경이로웠던 것들, 두려웠던 것들이, 지금 되돌아보면 아무것도 아니거나 그때의 감정처럼 받아들이지 않는다는 것을 느낀다. 일도 마찬가지다. 그때는 그렇게 힘들고 어려웠던 것들을 지금 다시 한다면 아무렇지 않았던 것들이다.

지금은 기술이 더 발전해서 모든 것이 고사양화되어 더 복잡한 것들이 많은데, 왜 예전에는 쩔쩔맸었는지 모르겠다. 회사에서 가장 크게 받는 스트레스는 무지에서 오는 스트레스라고 생각한다. 다 처음 하는 것이고, 학교처럼 가르쳐 주는 곳이 아니라 스스로 배우고 성장해야 한다. 키가 크려면 성장통을 겪는 것처럼 무지에서 오는 스트레스를 잘 이겨내야 개인의 성장을 이룰 수 있다.

늘 변화하는 삶

옛말에 "비가 온 뒤에 땅이 굳는다."라는 말이 있다. 그만큼 시련 후에 스스로가 성장했다는 것을 느끼게 된다는 말이다. 영업을 하면서 다양한 고객들을 만나게 된다. 성격이나 업무 스타일, 표현방식도 다양하기에 어떤 부류의 사람으로 묶을 수가 없다.

처음엔 그런 모습이 힘들었다. 하지만 고객사의 문제 제기를 하나둘씩 고쳐 가는 순간에 고객과 사이가 돈독해지며 서로의 신뢰가 생기면서 업무를 진행하면서 서로의 관계가 돈독해지게 된다.

단순한 고객과 협력사의 관계를 뛰어넘는 것이다. 요즘에는 술 한잔 기울이는 관계를 넘어서서 그날의 업무 협의 후 만나 같이 헬스장을 가서 운동도 하고 맛있는 음식을 먹으며 서로의 발전적인 관계로 만나는 경우도 더러 있다.

시대가 변하면서도 영업 방법이나 고객 관계 개선도 트렌드에 따라 달라지는 것 같아 격세지감을 느끼곤 한다. 늘 변화하는 세상을 정면에서 마주하며 변화에 따라 스스로가 변해야 함 또한 느낀다. 시간이 지나면 그 모든 것들이 내 재산이 됨을 잊지 말자.

건강관리

건강은 정말 중요한 부분이다. 돈을 잃으면 조금 잃는 것이고, 건강을 잃으면 모든 것을 잃는다는 말이 있다. 일을 하면서 이 말의 의미를 더욱 깊이 느낀다.

예전에 함께 일하던 한 임원께서 이런 말씀을 하신 적이 있다.

"인생에는 총량의 법칙이 있다. 술도 그렇지. 젊을 때 한꺼번에 마셔 버리면 나이 들어서는 건강 때문에 즐기지 못하네. 차라리 평생을 두고 조금씩 즐기는 게 낫지."

그때는 그 말이 이해되지 않았다. '영업사원은 술을 잘 마셔야 영업도 잘하는 것 아닌가? 저분은 무슨 말씀을 하시는 걸까.' 하는 생각이 들었고, 소위 말하는 '꼰대의 충고'처럼 흘려들었다. 하지만 10년이 지난 지금, 그분의 말씀이 어떤 의미였는지 절실히 깨닫는다.

20대와 30대의 몸은 확실히 다르다. 건강은 건강할 때 챙겨야 한다는 사실을 몸으로 느낀다. 요즘은 밤만 되면 하품이 쏟아지고, 12시가 넘어 자면 다음 날 루틴이 완전히 깨져 버린다. 주말에도 늦게까지 놀 수 없고, 예전의 체력이 그리울 때가 많다. 예전에는 아무리 먹어도 체중이 유지되었지만, 이제는 똑같은 식습관을 유지하면 살이 쉽게 찐다. 하루 종일 앉아서 일하는 생활습관이 이런 변화를 더 가속하는 것 같다.

체력이 떨어지는 것이 확연히 느껴져서 운동을 하려고 노력하지만, 예전처럼 활력을 얻기보다는 오히려 다음 날 피로가 더 크게 다가올 때가 많다. 주 2~3회 운동을 하면 많이 하는 편이지만, 그조차도 꾸준히 지키기가 쉽지 않다.

돌이켜 보면 나는 '총량의 법칙'을 제대로 지키지 못한 실패 사례인 듯하다. 건강은 순간의 즐거움을 위해 소모하는 것이 아니라, 평생을 두고 아껴 쓰며 가꿔야 하는 자산이다. 기쁨을 주는 것들은 한꺼번에 누리기보다 오래도록 조금씩 나누어 즐기는 것이 지혜라는 사실을 이제야 알게 되었다.

5
후회 없는 영업인이 되기 위하여

언젠가는 쓰임이 다해 지난날을 뒤돌아봤을 때 후회하는 사람이 되고 싶진 않다. 그를 위해 지금 영업에 있는 이 순간을 소중히 여기고, 내 주변 동료를 아끼며, 내 상사를 존경한다.

후회란 내가 온 힘을 다하지 않았을 때, 그를 아는 것에서 시작한다. 후회하지 않고자 한다면 내가 무엇에 힘을 빼고 대충 했는지를 살펴야 한다. 그것이 내가 하는 일이든, 관계든 마찬가지다. 내가 부족했던 부분이 무엇이었는지를 살펴야 한다.

영업은 나를 키운 직장이자, 나를 단련시킨 인생의 훈련장이었다. 때로는 울고, 때로는 웃고, 때로는 나를 잃어버린 것 같았지만, 결국 나는 영업의 일을 통해 사람을 배우고, 관계를 배우고, 무엇보다 '나 자신'을 배웠다.

영업은 단지 고객과의 거래가 아니라, 살아가는 방식이다. 그래서 나는 오늘도 다시 고객을 만난다. 지금 이 순간도 내게 영업은 현재 진행형이다.

배기현

영업은 같이의 가치를 아는 삶이다

1. 영업의 시작
2. 위에서 오는 압력, 아래에서의 기대
3. 묵묵히 걸어가는 영업인
4. 같이의 가치

1
영업의 시작

    자동차 부품 회사에서 영업 업무를 해 온 지 어느덧 11년이라는 시간이 흘렀다. 강산도 변한다는 10여 년의 시간을 지나온 여정에 대한 기록을 지금부터 풀어보고자 한다. 학창 시절 기계공학을 전공했던 터라 여전히 숫자로 이야기를 풀어나가는 것이 편안하지만 숫자가 아닌 온전한 글로써 내 이야기를 전해 보고자 한다.

    시간이 많이 지났지만 내게도 사회로 첫 발을 내딛던 순간이 있었다. 공대 출신인 나는 영업이란 업무에 대해서 단 한 번도 생각해 보지 않았다. 나와는 전혀 연관성이 없는 거리가 먼 업무 중의 하나라고 생각하며 살았다. 물론 영업으로 입사 지원을 하지도 않았다. 개발로 지원을 했으나 면접 전형을 거치며 면접관들께서 내가 더욱 잘할 수 있는 분야라고 판단했던 것 같다. 그때 그분들이 봤던 내 모습으로 인해 현재 영업이라는 곳에서 업무를 하고 있다. 짧은 순간이었지만, 그 순간이 내 인생의 많은 것을 결정했다.

회사에 들어갔을 때 "개발 기술"이라는 팀에서 업무를 시작했다. 입사 전까지 앞으로 10여 년을 헤쳐 나가야 할 업무가 어떤 것인지 전혀 모르고 시작했다. 첫 출근 날 내가 받았던 질문들이 스쳐 지나간다. "술은 좋아하냐, 담배는 피우냐, 사람 만나는 일은 해 봤냐?" 등 전공 지식이나 기술적 질문보다는 흔히 생각하는 영업의 이미지를 내게 물었다. 모르는 사람과의 소통에 최우선시 된 내용들 위주의 질문이었다.

말주변이 없던 내 입장에서는 앞날이 걱정이 되는 순간이었다. 물론 실제 자동차 부품 영업을 위한 중요한 자질은 그것이 아니었다. 뛰어난 언변과 술은 단순히 영업 업무에 있어서 일부 도움을 줄 수 있는 도구일 뿐이라는 것을 훗날 알게 되었다.

영업의 길

영업의 사전적 정의는 "영리를 목적으로 하는 사업, 또는 그런 행위"라고 흔히 알고 있을 것이다. 신입사원으로 입사한 날, 나 역시 영업을 그렇게 이해했다. 즉, 내 물건을 그럴듯하게 포장해 고객의 마음을 움직이고 공감을 이끌어 내어 판매를 통해 이익을 얻는 업무라고 생각했다.

시간과 경험이 쌓일수록, 그 생각은 크게 달라졌다. 신입 시절, 술을 얼마나 마시냐고 묻던 당시 팀장님은 정작 술을 입에도 대지 못하는 분이었고, 제품에 대한 상세한 기술 지식은 일반 엔지니어보다 훨씬 많았다. 그때 나는 영업에 대한 생각이 크게 바뀌었다.

특히 자동차 부품 영업은 단순히 판매를 목적으로 하는 업무가 아니다. 고객이 필요로 하는 기술적 해결책을 제공하기 위해, 회사 내부의 설계, 개발, 품질, 생산 등 다양한 부서와 고객 요구를 조율하는 복합적인 커뮤니케이션이 필요하다. 또한 자사 제품을 고객에게 가장 먼저 소개하는 선구자 같은 역할도 수행한다. 이러한 이유로, 영업 담당자는 마치 회사의 대표라는 마음으로 고객과 소통해야 한다.

시간이 지날수록 고객의 요구사항은 점점 더 구체적이고 엄격해지고 있다. 따라서 단순히 제품을 판매하는 중개자가 아니라, 기술적 이해와 다양한 정보력을 바탕으로 적시에 대응할 수 있는 준비가 갖춰져야만 고객의 니즈를 충족시킬 수 있는 영업인이 될 수 있다.

신뢰 없이 할 수 없는 일

신입사원 시절, 나는 영업이라는 단어를 들으면 자연스레 '말을 잘하는 사람', '표정을 잘 짓는 사람'이라는 이미지가 떠올랐다. 하지만 10년이 지난 지금, 내가 깨달은 것은 단 한 가지다. 영업 업무에서 가장 중요한 것은 신뢰다.

"신뢰 없이는 아무것도 시작할 수 없고, 신뢰 없이는 아무것도 지킬 수 없다."

나는 수많은 고객과의 약속을 지키기 위해 밤을 새웠고, 발생한 문제를 해결하기 위해 가능한 모든 방법을 강구했다. 촉박한 일정, 예상치 못한 이슈, 내부 설득이 필요한 순간에도 내가 붙잡은 단 하나의 가치는 '약속을 지키는 사람'이 되는 것이었다.

고객이 내게 요구한 것은 완벽한 제품보다 신뢰할 수 있는 태도였다. "일정에 맞출 수 있어요?"라는 질문에는 단순히 "예."라고 대답하는 것이 아니라, "맞추겠습니다."라고 말할 수 있어야 했다. 가능한지 불가능한지는 내부에서 해결할 문제다. 고객이 원하는 것은 가능한 방향으로 나아가는 의지다.

신뢰는 혼자의 힘으로는 어렵다. 내 뒤에는 설계, 개발, 품질 등 다양한 팀이 묵묵히 지원해 주고 있었다. 고객의 신뢰를 얻을 수 있었던 것은 결코 나 혼자의 설득력 때문이 아니다. 내부 팀과의 신뢰 관계 속에서만 고객의 신뢰가 만들어진다.

내부에서 신뢰를 얻은 사람만이 외부에서 신뢰를 얻을 수 있다. 안에서 새는 바가지 밖에서 샌다는 말이 있다. 내부에서 믿음을 얻지 못한 사람을 누가 믿어 줄 것인가.

고전 무협영화들을 보면 무술을 배우러 간 제자가 3년 동안 청소만 하는 장면이 종종 나온다. 어떤 일을 시작하려면 그를 위한 준비가 필요하다. 청소를 하며 마음을 닦고, 성실하게 정리정돈한다. 청소의 기간이 끝나고 스승에게 인정과 신뢰를 얻어야 스승의 무술을 배울 수 있다.

직장인 또한 마찬가지다. 더욱이 신뢰라는 요소가 중요한 영업인들은 명심해야 할 사항이다. 조직에서부터 먼저 신뢰받는 사람이 되어야 한다. 그를 위해 내가 한 말을 지키고, 성실하게 일하며, 정리정돈을 깔끔하게 해야 한다. 청소를 하더라도 평범하지 않고 꼼꼼하게 하는 등의 사소한 일로 믿음이 생긴다.

신뢰는 하루아침에 만들어지지 않는다. 작은 습관과 태도가 모여 하나의 이미지가 되고, 결국 평판이 된다. "그 사람은 믿을 만하다."라는 평판은 결코 좋은 성과에서 비롯되는 것이 아니다. 정시에 출근하는 것, 맡은 보고서를 기한 내에 제출하는 것, 약속한 전화를 반드시 하는 것, 사소해 보이는 기본기에서 신뢰는 자라난다.

신뢰는 보험과도 같다. 평소에 쌓아 두지 않으면 위기 때 아무도 내 말을 믿어 주지 않는다. 영업은 결국 신뢰를 축적하는 과정이다. 단기 성과만 바라본다면 눈앞의 실적은 얻을 수 있겠지만, 장기적으로는 관계가 무너진다. 반대로 신뢰를 쌓아온 사람은 시간이 지날수록 더 큰 기회를 얻는다. 고객은 더 중요한 일을 맡기고, 조직은 더 큰 책임을 부여한다.

축적의 힘

한 프로젝트에서 나는 결정적인 실수를 한 적이 있다. 고객은 불만과 어려움을 표현했지만, 나는 즉시 인정하고 내부 설득에 힘썼다. 결국 고객은 이렇게 말했다.

"그래도 배대리는 책임지는 사람이네요."

그 한마디는 시간이 흘러 지금까지 내 마음속 깊이 남아 있다. 책임지는 태도는 말이 아니라 행동과 진심으로 증명되는 것임을 느낀다.

이나모리 가즈오는 《왜 리더인가》에서 이렇게 말했다.

"신뢰는 어느 날 갑자기 생기지 않는다. 수많은 일상적인 약속과 행동들이 쌓여 만든 결과물이다."

내가 얼마나 쌓았는가에 따라 믿음의 정도가 정해진다. 굳건한 믿음은 한결같은 행동에서 나온다. 쌓는 것은 힘들지만 무너지는 것은 한순간이다. 물방울이 돌을 뚫듯, 사소한 행동이 모여 단단한 신뢰를 만든다. 그렇게 쌓인 신뢰는 어떤 위기가 닥쳐도 흔들리지 않는 버팀목이 된다.

믿음을 뜻하는 신(信)이라는 글자에는 사람(人)의 말(言)이 들어 있다. 사람이 한 말에 그 사람을 믿을 수 있는지, 믿을 수 없는지가 달려 있다. 이나모리 가즈오가 신뢰가 일상의 행동이 쌓인 결과물이라 말한 것처럼, 믿음은 곧 내가 어떤 말을 했고, 그 말을 이루었는지, 해냈는지에 달려 있다. 그래서 나는 함부로 말하지 않는다. 함부로 약속하지 않고, 함부로 예측해서 재단하지 않고자 한다.

신뢰를 얻는 방법은 멀리 있지 않다. 내가 한 말을 지키고, 상대의 이야기를 끝까지 들어 준다. 작은 일도 허투루 하지 않아야 한다. 이 단순한 원칙을 지켜낼 수 있을 때 신뢰가 단단하게 축적된다.

신뢰를 지켜 가는 사람

신뢰가 무너지는 건 항상 소리 없이 그리고 걷잡을 수 없을 만큼 빠르게 일어난다. 한 번의 거짓 보고, 한 번의 책임 회피, 한 번의 '나 몰라라.'는 행동이 지금까지 쌓아온 모든 관계를 무너뜨린다. 그만큼 신뢰를 쌓는 것도 지키는 것도 쉬운 일이 아니다.

신뢰를 잘 지키는 사람들의 특징이 있다. 첫째, 겸손하다. 모든 일을 자신이 혼자서 할 수 없음을 잘 알기 때문이다. 앞서 고객 대응에서 실수가 생겼을 때에도 다양한 부서의 선후배 직원들의 도움으로 고객과의 신뢰를 유지할 수 있었다. 겸손의 반대인 교만한 자세로 업무에 일한다면 협업이 이루어질 수 없으며, 끝에서도 말하겠지만 "같이의 가치"라는 문구의 근처에도 도달할 수 없을 것이다.

다양한 자기 계발서를 보면 '끊임없이 배우고 끊임없이 겸손하라, 주변의 어느 누구도 쉽게 여기거나 무시할 수 있는 사람은 없다.'는 이야기가 자주 나온다. 누구에게나 배울 점은 꼭 한 가지 이상 존재하기 때문에 항상 겸손한 자세로 매사 업무에 임할 필요가 있다.

둘째, 끊임없이 스스로를 점검한다. 내가 무심코 던진 말 한마디가 어떤 영향을 줄지 예민하게 돌아본다. 내가 뱉은 한마디 말로 인해 신뢰의 탑이 한순간에 무너질 수 있기 때문이다. 신뢰를 지키는 사람은 자신의 말과 행동이 주변에 어떤 영향을 미칠지 예민하게 살핀다. 불명확한 의견은 즉답보다 한 번 더 고민하고 점검하는 것이 필요하다.

셋째, 도전한다. 신뢰를 지키는 사람은 "안 된다."보다 "방법을 찾겠다."라는 말을 택한다. 업무를 진행하다 보면, 첫 마디에 "어차피 안 되는 일이야.", "이미 다 해 봤어."라는 부정적인 답변을 습관처럼 내뱉는 사람이 많다. 이런 태도는 업무의 흐름을 막고, 추가적인 질문과 아이디어 도출을 방해한다. 결국 로드블록에 막히게 되고, 그 사람에 대한 신뢰도 함께 흔들리게 된다.

물론 상황에 따라 정말 불가능한 일이 있을 수 있다. 하지만 대부분의 업무는 방법을 찾을 수 있는 여지가 훨씬 많다. 신뢰를 쌓아 가는 사람은 처음에는 눈에 띄지 않을 수 있지만, 위기와 기회를 차근차근 통과하며 결국 행동과 결과로 믿음을 보여 준다.

결국 신뢰는 눈에 보이는 결과만으로 쌓이는 것이 아니다. 끊임없는 도전, 성실한 점검, 겸손한 협업이 모여 신뢰라는 탑을 세우는 것이다. 처음에는 조용하고 눈에 띄지 않지만, 시간이 흐른 뒤 그 탑은 모든 위기와 기회를 통과하며 빛을 발한다.

내가 지금까지 고객과 동료에게 신뢰를 줄 수 있었던 이유가 바로 여기에 있다고 생각한다. 늘 겸손하고자 했고, 스스로를 돌아보고자 했다. 고객의 요청사항에 도전해 조금씩 결과를 만들어 냈다. 고객을 단순히 매출을 만드는 대상으로 보지 않고, 제품 경쟁력을 함께 고민하고 문제를 해결할 '파트너'로 여겼기 때문에 신뢰를 쌓을 수 있었다.

아주 단순한 지시라도 실무를 하다 보면 다양한 문제점에 직면하곤 한다. 설계 도면 하나만 잘못 접수되더라도 업무량이 몇 배가 늘어날 수도 있고, 의사소통의 문제로 밤늦게까지 문제점을 찾아야 하는 경우도 허다하다.

어느 순간부터 나는 자료의 결과보다 자료가 나오기까지의 마음을 헤아려 보려고 한다. 그 사람이 왜 그렇게 했는지, 어떤 상황이었는지를 듣고 이해하려고 한다. 그럴 수밖에 없었던 불가항력적인 일들이 많이 일어나기 때문이다. 그럴 때일수록 진심으로 공감하고 함께 함으로써 신뢰 관계를 다져가기 위해 노력한다.

신뢰는 관계의 가장 기본이자, 조직과 조직, 사람과 사람 사이의 본질적인 계약이다. 하루아침에 만들어지지 않으며, 한순간의 실수로 무너질 수 있지만, 매일의 말과 행동을 통해 서서히 쌓아 가는 과정이다. 영업인은 이 신뢰를 잊지 말아야 한다.

2
위에서 오는 압력, 아래에서의 기대

영업인으로서 10여 년이 지난 지금, 어느 날부터인가 '파트장'이라는 호칭이 붙었다. 누군가에겐 자연스러운 진급의 과정일지 모르지만 내게는 책임의 무게를 실감하게 만든 변화였다. 처음 제안을 받았을 때 그저 모든 것이 부담으로 다가왔다. 한때는 나도 불만을 이야기하는 입장이었는데, 이제는 그 불만을 조율하고 수용해야 하는 입장이 됐다. 파트장은 하나의 파트를 담당하며 팀 내 중간 관리자 역할을 수행한다.

중간관리자는 이름 그대로 '사이'에 존재한다. 위에서는 결과와 실적을 요구하고, 아래에서는 보호를 기대한다. 그 간극 속에서 나는 매일 균형을 고민한다. 어느 한쪽만을 신경 쓰면 반드시 문제가 생긴다. 상급자의 지시만 강하게 밀어붙이면 파트원들은 곧 지치고, 파트원들 입장만 헤아리다 보면 결국 결과를 내지 못해 조직 내에서 신뢰를 잃는다.

《임팩트 플레이어》에서 리즈 와이즈먼은 이렇게 말한다. "진짜 임팩트 있는 사람은 책임을 분산시키는 대신, 상황 사이의 틈을 메우는 사람이다."

난 리즈 와이즈먼의 말이 곧 중간관리자의 정의라고 느꼈다. 무게 중심을 정확히 설정하지 않으면, 어느 한 쪽은 반드시 무너진다. 곳곳에 기둥을 세워 두고, 그 기둥 사이를 끈끈하게 연결하여 지붕이 무너지지 않게 만드는 사람이 중간관리자인 내 역할이다.

끝없이 펼쳐진 상황을 깔끔하게 정리하고, 일의 우선순위를 제시하며, 조직의 방향성과 팀의 역량을 동시에 이해하는 사람 그것이 내가 되고 싶은 리더의 모습이다.

파트장 역할을 맡게 되면서 나는 자연스럽게 스스로에게 질문을 던졌다.

'나는 지금 제대로 균형을 잡고 있는가?', '누군가의 등을 떠미는 사람이 아니라, 옆에 서서 함께 걷는 사람인가?'

내가 하는 결정이 누군가의 하루를 뒤바꿀 수도 있다는 점이 크게 느껴지고 있다. 이 사실을 인식한 순간부터 나는 매사 좀 더 신중하고 조심스럽게 접근하고자 했다. 어떤 조직이든 중심이 흔들리지 않을 때, 조직은 무너지지 않는다. 흔들리지 않은 사람이 되고자 노력하는 요즘이다.

흔들리지 않는 사람

회사에는 지시와 보고가 존재한다. 리더들은 빠르고 정확한 실행 및 결과를 원한다. 지시는 단순하고 직선적이지만, 실무진에서의 움직임은 언제나 복잡하고 예측 불가능하다. 늘 내 마음 같지 않을 때가 많다.

나는 지시와 보고 사이에서 수없이 고민한다. 지시와 보고는 겉으로는 간단하지만, 그 이면에는 수많은 복선과 기대가 숨어 있다. 나는 지시를 '전달'하기 전에 항상 먼저 '소화'한다. 왜 이 지시가 내려졌는지, 이 요구의 본질은 무엇인지, 파트원에게 어떻게 설명해야 납득이 될지를 끊임없이 생각한다. 그 과정을 거치지 않으면, 아무리 합리적인 지시라도 팀원에겐 단순한 '압박'으로 느껴질 뿐이다.

이렇게 이해해 보자. 새들은 새끼에게 음식을 줄 때 단순히 먹이를 전달하는 것이 아니라, 자신이 먹은 음식을 미리 소화하여 부드럽게 만든 뒤 먹인다. 새끼들은 아직 소화 능력이 충분하지 않기 때문에, 성체가 준비한 소화된 음식으로 필요한 영양을 안전하게 섭취할 수 있다. 이 작은 행동 속에서 부모 새의 세심한 배려가 엿보인다.

관리자의 역할이 이와 같다. 나와 함께하는 이들에게 소화되지 않은 날 것 그대로의 음식을 주면 소화불량에 걸릴 것이다. 내가 먼저 소화하여 전달하는 것, 그것이 관리자의 역할이다.

《스타트 위드 와이》에서 사이먼 시넥은 말한다. "사람들은 당신이 무엇을 했는가보다, 왜 했는지를 기억한다."

관리자는 무언가를 시키는 사람이 아니라, 그 이유를 설명하고 공감하며 함께 움직이는 사람이 되어야 한다. 그래야 신뢰가 쌓이고 결과가 따라온다. 파트장이라는 자리는 절대 파트원들에게 지시하는 사람이라고 생각하지 않는다. 앞서 이야기한 것과 같이 공감을 이끌어 내어 한 가지 목적을 향해 함께 가기 위한 동반자일 뿐이다.

《임팩트 플레이어》에서는 이렇게 강조한다. "중요한 건 실수나 혼란이 아니다. 중요한 건 그 상황에서 누가 버텨 주었는가이다."

결국 중간관리자란 그런 사람이다. 결과를 내는 사람이면서도, 동시에 사람을 지키는 사람. 그 균형을 포기하지 않을 때, 그 조직은 조금 더 단단해지며, 나 또한, 그 속에서 조금씩 성장한다.

무엇이 중요한가

"결국 실적과 결과가 전부다."

회사에서 흔히 들리는 말이다. 나도 오랫동안 그렇게 믿었지만 중간관리자의 위치에 서고 나서 생각이 바뀌었다. 실적은 중요하다. 하지만 실적만으로 조직은 유지되지 않는다.

과거 내가 몸담았던 조직의 붕괴는 매출의 숫자가 아닌 '사람의 이탈'에서 시작되었다. 수년 전 내가 현재 몸담고 있는 회사로 첫 이직을 결심했을 때가 생각난다. 유능했던 선배가 과로로 쓰러지고, 충성심 높던 후배가 멘탈이 무너져 스스로 회사를 떠났을 때 나는 평정심을 가지고 업무 대응을 할 수가 없었다. 남겨진 팀원들 역시 불안에 빠졌고, 분위기는 순식간에 무너졌다.

나 또한 그때 처음으로 실감했다. 고객과의 약속을 지키기 위해 밤을 새우며 일을 하고, 코로나로 현장 직원들이 출근을 못할 때 현장에 투입된 적도 있었다. 주간에는 라인에 투입되어 조립을 하고 야간에는 못다한 자료 대응도 했지만 그런 일들은 다 이겨 낼 수 있었다. 어떤 일이 닥쳐도 흔들리지 않을 수 있다고 자부했다. 돌이켜보면 그 지치지 않고 흔들리지 않았던 원동력은 주변의 동료들과의 유대관계에서 비롯된 것이었다.

내게 가장 위기였던 것은 동료의 부재였다. 함께 버틸 수 있는 사람이 없어졌던 것, 그래서 새로운 결심을 하게 되었는지도 모른다.

사람이 떠나면 시스템도 무너진다. 나는 그 말을 곱씹으며 내 방식과 태도를 돌아봤다. 성과를 위해 사람을 몰아세운 적은 없었는가. 사정이 있는 팀원에게 공감보다 판단을 먼저 한 적은 없었는가.

조직은 결국 사람이 만든다. 내가 속한 파트원들이 지치지 않도록 독려하고 버팀목이 되는 일, 그것이 중간 관리자의 책임이라고 생각한다.

한창 바쁜 시즌이었다. 하루는 야근을 마친 후배가 조용히 자리에서 일어섰다. 말은 없었지만, 표정만 봐도 무언가 지쳐 있는 모습이 눈에 들어왔다. 커피 한잔하며 그날의 후배에게 닥친 어려움에 대한 이야기를 들어만 주었다. 내가 노력해서 거창한 위로의 말을 꺼낸 것도 아니며, 업무를 덜어주기 위한 이야기를 한 것도 아니었다.

그때 나와 후배는 커다란 해결책을 찾지는 않았지만 한결 마음이 가벼워졌다. 그 후배는 그렇게 한 번의 공감을 통해 더욱더 업무에 집중하고 있다. 그 짧은 순간이 신뢰의 시작이 되었음을 느꼈다. 지친 동료에게 훈계나 조언보다 필요한 건 공감이고 작은 배려다. 말을 아껴야 할 때가 있고, 가볍게 등만 토닥이면 충분할 때가 있다. 그것이 팀의 흐름을 깨지 않고 유지하는 방법이다.

나는 이제 조직을 바라볼 때, 숫자와 실적보다 먼저 '사람'을 생각한다. 팀원이 지치지 않도록 환경을 조성하고, 마음이 흔들릴 때 함께 버틸 수 있는 토대를 만드는 것이 내 역할이라고 믿는다. 실적은 결국 사람이 만들어 내는 것이기에, 사람을 잃으면 성과도 덩달아 무너진다는 사실을 몸으로 배웠다.

중간 관리자로서 내가 할 수 있는 가장 큰 힘은 권한이나 지시가 아니라, 신뢰와 공감이다. 누군가의 말을 끝까지 들어주고, 작은 어려움에도 관심을 기울이며, 필요한 순간에 손을 내미는 것이 팀원들에게 '혼자가 아니다.'라는 믿음을 심어준다. 그 믿음이 쌓일 때, 사람들은 비로소 업무에 몰입할 수 있다.

실적은 잠깐의 박수를 받지만, 사람과 사람 사이에 만들어지는 신뢰는 조직의 토대가 된다. 그 말 한마디, 눈빛 하나 속에서 팀은 살아 있고 조직은 이어진다.

지시는 흘러내리지만, 책임은 올라간다

중간 관리자의 자리에서 느끼는 묘한 긴장은 바로 그 '보이지 않는 책임감'에서 온다. 위에서는 지시가 흘러내리고, 아래에서는 고민과 감정이 몰려온다. 지시는 명확하게 전달되지만, 책임은 눈에 보이지 않게 나에게 집중된다.

파트 내의 다양한 이슈들로 챙겨야 할 업무의 범위가 생각보다 넓다. 담당자가 별도로 있는 업무들이 대부분이기 때문에 나의 이름은 어디에도 표현되지 않으나 해당 프로젝트가 잘못되었을 때 책임은 나에게 돌아오게 되어 있다.

"왜 제대로 챙기지 못했나."라는 질책이 날아오기도 한다. 그 구조에 대해 억울함을 느낀 적도 많았다. 그 무게를 감당하는 과정에서 억울함과 피로가 찾아오기도 하지만, 동시에 나는 조직의 중심을 잡는 법을 배운다.

《임팩트 플레이어》에서는 다음과 같은 문장이 나온다. "가장 중요한 역할을 하는 사람일수록, 가장 덜 눈에 띈다."

나는 실적을 만들어 내는 사람이 아니라, 실적이 나올 수 있는 환경과 흐름을 지키는 사람이다. 파트의 업무 흐름, 사람 사이의 신뢰, 감정의 균형이 모든 것을 챙기고 조율하는 것이 내 역할이다. 조직이 흔들리지 않도록, 위와 아래가 단절되지 않도록 중심을 잡는 것, 그것이 내 존재 의미다.

실적이 미흡할 때 나는 먼저 나를 돌아본다. '내가 무엇을 놓쳤는가?', '한 걸음 더 깊이 관여했더라면 결과가 달라졌을까?'라는 질문은 나를 피곤하게 하지만, 동시에 성장하게 만든다. 중간 관리자는 실패를 두려워해서는 안 된다. 실패하더라도 책임을 회피하지 않고 겸허히 받아들이며 재점검하고 방향을 제시할 때, 그 반복이 조직을 지탱한다.

결국, 중간 관리자의 힘은 눈에 보이는 결과가 아니라, 보이지 않는 중심을 지키는 데 있다. 지시는 흘러내리지만, 책임은 올라간다는 말 속에는 그 무게와 의미가 담겨 있다. 그리고 그 무게를 견디며 균형을 잡는 순간, 조직은 비로소 흔들리지 않고 나아간다.

3
묵묵히 걸어가는 영업인

《임팩트 플레이어》에서는 이렇게 말했다. "임팩트 있는 사람은 묵묵히 일하는 사람이다. 드러나지 않아도, 결국 사람들은 그를 기억한다."
나는 이 문장을 마음에 새기며 일한다. 다양한 담당자들과 업무를 하다 보면 묵묵함을 느낄 수 있는 사람이 있다. 어려움이 많은 내용임에도 흔들리지 않는 그 묵묵함에서 오는 안정감을 보면 존경심이 생긴다.
무조건적으로 묵묵함이 정답은 아니지만 "결국 사람들은 묵묵한 사람을 기억한다."는 내용처럼 묵묵함은 조직에서 꼭 필요한 능력이다.

묵묵함은 단순히 말이 없거나 눈에 띄지 않는 상태가 아니다. 오히려 그 속에는 깊은 결단과 책임감, 그리고 흔들리지 않겠다는 의지가 담겨 있다. 어려움과 갈등 속에서도 중심을 지키고, 팀의 업무 흐름을 방해하지 않으면서도 필요한 순간에는 무게 있는 판단을 내리는 것, 그것이 묵묵함의 힘이다.

나는 이런 묵묵함이야말로 조직을 지탱하는 숨은 기둥이라고 생각한다. 눈앞의 성과보다 중요한 것은 장기적으로 팀과 조직이 흔들리지 않고 나아가도록 하는 것이다. 그 중심에는 언제나 보이지 않는 노력이 필요하다. 작은 실수와 갈등, 예상치 못한 위기 속에서도 흔들리지 않고 중심을 잡는 사람, 바로 묵묵한 사람이 조직을 지탱한다.

나 또한 그런 사람이 되고 싶다. 혼자서 주목받기 위해 서두르지 않고, 결과를 독차지하려 하지 않으며, 실패가 생기면 앞장서 책임을 지고, 성공은 팀과 나누는 사람. 묵묵함 속에서 나는 동료와 조직의 신뢰를 쌓고, 위기를 넘어설 수 있는 힘을 기를 수 있다.

흔들리지 않는 거목처럼

몇 년 전, 한 프로젝트에서 예상치 못한 문제가 발생했다. 생산 직전이었기 때문에 문제가 되었다. 생산이 지연될 위기였다. 함께하는 모두는 걱정과 우려의 시선으로 바라보고 있었다. 서로 책임을 떠넘기는 분위기가 살짝 감돌았다. 그때 나는 굳이 책임을 따지며 담당자를 찾아 질책하지 않았다. 대신 상황을 정확히 파악하고, 각 담당자에게 필요한 정보를 정리해 전달하며 해결책을 찾는 데 집중했다. 문제를 해결하기 위해 전체 과정을 조율하고 소통하며 흔들리지 않도록 중심을 잡았다. 결국 그 일은 문제없이 잘 해결되었고 예정대로 납품할 수 있었다.

이 경험을 하고 내가 해야 할 일이 어떤 것인지를 조금은 깨달았다.

흔들림 없는 나무처럼 문제에 겁먹지 않고, 책임을 피하지 않고, 해결에 집중하는 사람이 되어야 한다는 깨달음이었다. 이를 위해 영향력을 키워야 했다. 영향력이 있어야 좀 더 확실하게 이끌어 갈 수 있기 때문이다.

영향력을 높이고 싶다면 어떻게 해야 할까? 영향력(影響力)의 영(影)은 그림자를 의미한다. 향(響)은 울린다는 뜻이다. 그림자가 울려 퍼져야 한다. 우선 그림자를 크게 만들어야 한다. 그림자가 커지려면 본모습이 커지면 된다. 나무가 자라 성장할수록 그 아래에서 더 많은 이들이 쉬어 갈 수 있는 것처럼, 각자가 거목이 되어야 한다. 묵묵히 중심을 지키고 자신의 역할을 확실히 할 때, 그 영향력은 자연스레 주변으로 퍼지고 조직 전체를 지탱할 수 있다.

영향력은 자신을 키우는 것과 같다. 나무가 크게 자라야 그림자가 넓어지듯, 자신이 맡은 역할과 책임을 충실히 수행하고, 스스로 단단해질 때 주변 사람들도 그 영향력 속에서 안정감을 얻는다. 나는 지금도 매 프로젝트, 매 순간 이 원칙을 마음에 새기며 일한다.

요란함 없이 살아가기

묵묵히 하는 사람의 반대는 무엇일까. 요란한 사람이다. 요란하게 어떤 일을 하든 티 내면서 하는 사람이다. 묵묵하다는 말은 말없이 잠잠하다는 뜻이다. 소란스럽지 않고 조용하다. 나비처럼 날아가 벌새처럼 쏜다는 말이 있듯이, 티 내지 않고 조용히 있다가 문제가 발생하면 순식간에 해결하는 사람이 묵묵한 사람이다.

요란함이란 시끄럽고 떠들썩한 모습이다. 빈 수레가 요란하다. 한없이 가볍기에 쉽게 변한다. 가벼운 사람은 일을 무게 있게 처리하지 못한다. 문제가 생기면 어느새 멀리 도망가 있거나 책임질 대상을 찾는다. 이런 요란한 사람과 함께 일을 하면 힘들어진다.

선배들은 늘 내실을 갖추라고 말한다. 내실(內實)이란 내면의 열매를 채우라는 뜻이다. 내적인 가치를 키우고, 충실해야 한다. 충성을 다하는 충직(忠直)함이 아니라 내면을 가득 채우는 충만(充滿)함이 되어야 한다. 조직에 대한 충성은 내면을 온전히 채운 후에 가능하다.

내면에 충실하려면 결과보다 과정을 중시하는 태도가 필요하다. 물론 영업인에게 결과는 중요하지만 그 결과를 어떻게 만들었는지를 먼저 살펴야 한다. 누군가에게 보이기 위한 화려한 포장보다, 묵묵히 성실히 해내는 과정 자체에 가치를 둬야 한다.

요란하지 않으려면 남들과의 비교를 멈춰야 한다. 타인의 시선을 의식하며 사는 순간, 우리는 불필요한 오해와 혼란 속에서 살아갈 수밖에 없다. 남들과 경쟁하는 대신, 어제의 나보다 조금 더 나아지려는 마음으로 살아갈 때 요란함 대신 충실함이 자리한다.

마지막으로 요란하지 않으려면 정리된 삶이 필요하다. 물건을 깔끔하게 정리하듯, 마음과 관계도 정리해야 한다. 불필요한 말, 과장된 행동, 과한 약속을 덜어내야 요란해지지 않는다.

묵묵히 내실을 채우는 삶이어야 흔들림 없이 오래 걸어갈 수 있다.

겉으로 요란한 사람이 아닌 실속 있는 사람이 되어보자.

책임지는 사람, 무책임한 사람

책임은 무서운 단어다. 일을 하면서 책임을 지지 않을 수는 없으나, 그 책임의 무게가 한없이 무거움을 알기에 늘 조심한다.

문제는 늘 발생한다. 그러나 문제가 커졌을 때 "내 자리를 내놓겠다." 라고 말하는 사람들이 있다. 얼핏 책임을 지는 것처럼 보이지만, 사실 그것은 책임을 회피하는 태도다. 중요한 것은 자리를 걸겠다는 선언이 아니라, '그 일을 어떻게 끝까지 해결할 것인가.'다. 책임이란 자리를 내려놓는 데서 끝나는 것이 아니라, 문제를 마무리하는 데서 완성된다. '안 되면 그만두면 되지.'라는 마음은 책임이 아니라 도망일 뿐이다.

책임은 무겁지만, 동시에 사람을 성장시킬 수 있다. 책임을 끝까지 짊어진 사람만이 문제를 해결하는 과정을 통해 한 단계 더 성숙해진다. 반대로 책임을 회피하는 사람은 언제나 같은 자리에서 반복되는 문제를 피하지 못한다.

책임이란 결국 결과를 감당하는 것이다. 과정에서의 어려움, 예상치 못한 변수에 마주하더라도 결과 앞에서 "이건 내가 한 일이다."라고 말할 수 있어야 한다. 그것이 진짜 책임이다. 책임은 피하는 것이 아니라 감당하는 것이며, 그 무게를 견디는 사람이 결국 기회를 얻는다.

남 탓하지 말자. 문제를 외부로 돌리는 순간, 책임은 결코 내 것이 되지 않는다. 상황이 어려워도, 실수가 생겨도, 주변을 비난하기보다 먼저 내가 할 수 있는 일을 찾는 사람이 결국 문제를 해결한다.

불평불만 하지 말자

일을 하다 보면 불만이 생길 수 있다. 사람이 늘 만족하며 살기는 어렵고, 각자가 세운 기준이 다르기 때문에 만족은 수시로 변한다. 물이 반이나 남은 사람은 만족하지만, 반밖에 남지 않았다고 느끼는 사람은 불만을 느낀다.

흡족하다의 흡(洽)은 물(水)이 합(合)해져 있다는 말이다. 얼마나 합해져 있는지는 모르지만, 내가 세운 기준에 맞으면 만족, 즉 흡족하다고 느끼는 것이다. 결국 불만은 내 기준에서 발생하며, 그 기준을 조절할 수 있어야 한다.

불만이 없을 수는 없다. 인생에서 불만 없는 사람이 어디 있을까. 재벌 2세에게도 불만이 있다. 다만 중요한 것은, 불만을 언제 드러내고, 언제 인내할지를 구분하는 것이다.

남북전쟁 시절의 일화가 있다. 링컨이 이끄는 북군은 승기를 잡아가고 있었지만, 미드 장군은 위기에 처한 남군을 추격하지 않아 전쟁을 조기에 끝낼 기회를 놓쳤다. 분노한 링컨은 편지를 써 불만과 질책을 담았지만, 끝내 보내지 않았다.

편지에는 "미드 장군에게. 보내지도 않고 서명하지도 않았다.(To Gen. Meade. Never sent. Never signed)"라고 적혀 있었다. 화가 날 때 편지를 쓰는 행위로 감정을 정리했지만, 실제로 전달하지는 않은 것이다. 만약 편지가 전해졌다면, 북군 최고 지휘관과 대통령 사이에 큰 불화가 생겨 전쟁 수행에 심각한 차질이 빚어졌을 것이다.

  이 일화는 중요한 교훈을 준다. 불만이나 불평이 있더라도, 이를 드러내지 않고 인내하는 것이 훨씬 유익한 결과를 가져온다. 링컨은 미드 장군에게 불만이 있었지만, 장군이 북군을 훌륭하게 이끌고 있다는 기준이 있었기에, 자신의 불만을 잠재우고 보다 현명한 판단을 내릴 수 있었다.

  불평불만은 언제나 나쁜 결과를 가져온다. 불평불만 대신 내가 무엇을 바꿀 수 있는지를 살필 수 있어야 한다.

4
같이의 가치

 지금껏 일해 오면서 가장 좋아하는 문구는 '같이의 가치'다. 혼자 빨리 가는 것보다, 함께 멀리 가는 것이 중요하다는 말이 있다. 영업뿐만 아니라 모든 업무도 마찬가지다. 개인의 역량도 중요하지만, 조직의 조화가 더욱 큰 성과를 만든다.

 최근 시작한 러닝과 등산을 하면서도 '같이의 가치'라는 말의 효과를 크게 느끼고 있다. 혼자 달릴 때는 시간 약속 없이 내가 원하는 시간에 마음대로 편하게 달릴 수는 있다. 하지만 아침마다 매번 달리더라도 거리가 늘어나지는 않는다.

 내가 최고 기록을 경신했을 때는 혼자가 아닌 같이 달렸을 때였다. 비록 시간 약속을 하고 같이 달려야 하는 조금의 수고스러움은 있지만 같이하는 힘이란 절대 무시할 수 없다.

 군대에서 힘든 시간을 버틸 수 있었던 이유는 주변 전우들 덕분이었다. 혼자 달릴 때는 힘들었지만 함께 뛸 때는 어디선가 모르게 힘이 났던 기억이 난다. 누구 하나 힘들다고 팔을 잡고 끌어주지도 않지만, 함께 달리고 있는 보이지 않는 끈이 서로를 지탱해 준다.

함께의 힘

한 번은 고객사로부터 불합리한 조건을 요구받았을 때, 개발팀과 품질팀 너 나 할 것 없이 모두가 '우리 팀 일이 아니지만 도와주겠다.'며 나서 도움을 주었던 적이 있었다. 그때 회사는 시스템이 움직이는 것이 아니라 '사람'이 움직인다는 것을 알게 되었다.

《Give and Take》에서 말하듯, 이타적인 행동이 결국 조직 전체의 성장을 이끈다. 팀원 간의 신뢰, 협업, 존중이 쌓이면 위기 속에서도 버틸 수 있다.

한 프로젝트에서 자료가 부족했을 때, 팀원들이 각자의 업무를 조정하고, 밤늦게까지 자료를 모아 결국 고객에게 문제없이 전달할 수 있었던 경험이 있다. 후배가 실수를 했을 때, 팀 전체가 함께 보완하며 문제를 해결했고, 이를 통해 서로의 신뢰가 한층 더 견고해졌다.

위기는 언제든 생긴다. 조직 내외부를 막론하고 수많은 도전과 어려움이 우리를 시험한다. 그러나 그 칼날도 함께라면 막을 수 있다. 신뢰와 협업, 그리고 서로를 지켜 주는 작은 배려가 결국 위기를 넘어 성장으로 나아가게 한다. 위기를 통해 팀은 강해진다. 팀워크는 결과보다 과정에서 만들어진다. 그것이 내가 믿는 '같이의 가치'이며, 조직의 진정한 힘이다.

짧게나마 회사 생활을 하면서 나는 이렇게 말하고 싶다. 혼자 모든 걸 하려고 하지 말고, 주변과 '같이' 가는 법을 배우라고. 그것이 진짜 실력이다. 그리고 사회생활은 생각보다 정답이 없다. 각자만의 해답을 찾아가는 과정이다.

'진심으로 일하면 반드시 누군가는 지켜보고 있다.'는 믿음만은 버리지 않기를 바란다. 나도 그런 순간들을 통해 성장해왔고, 지금도 그런 선후배들이 주위에 많이 자리 잡고 있다. 나는 그들이 걸어온 길을 존중하며 항상 응원한다. 그 길을 잘 걸어갈 수 있게 함께할 것이며 흔들림 없이 동행하고자 한다.

나의 영업

10년의 시간을 돌아본다. 그 시간은 순식간에 흘러갔음을 느낀다. 나의 영업 인생은 늘 한결같았던 듯하다. 사람과 만나 웃고, 즐기며 일했다. 물론 힘든 순간도 있었지만, 지나고 보면 모두 도움이 되는 일이었다.

신입사원 시절의 나에게 돌아가 이야기할 수 있다면 무엇을 말해 주고 싶을까? 고민 끝에 내린 결론은 간단하다.

영업은 '같이의 가치'를 아는 일이다.

"같이의 가치"를 이해할 때 진정한 영업의 힘이 생긴다. 힘든 일도 함께라면 이겨 낼 수 있고, 사람과 함께 살아가는 삶 속에서 영업은 고객과 신뢰를 쌓고, 내부와 소통하며 조율하는 역할을 담당한다.

묵묵히, 흔들림 없이 나아가야 하는 이유도, 불평과 불만을 줄여야 하는 이유도 모두 함께 가기 위함이다. 모든 것은 '함께'라는 가치 안에서 의미를 가진다. 이 사실을 분명히 알면 자만하거나 건방지게 행동하지 않는다. 늘 겸손할 수 있으며, 기쁨과 슬픔도 함께 나눌 수 있다. 나의 10년은 바로 이런 배움과 깨달음으로 채워진 시간이었다.

신권

영업은 가능성을 현실로 만든다

1. 처음 만난 영업, 함께하는 성장
2. 6년차 영업인의 시각
3. 가능성을 현실로 만드는 사람

1
처음 만난 영업, 함께하는 성장

2025년, 나는 자동차 부품회사 영업팀에서 6년차 선임으로 일하고 있다. 돌이켜보면, 입사 첫날의 기억은 아직도 생생하다. 입사 첫날, 정문 앞에 도착해서는 숨을 한 번 고르고, '진짜 시작이구나.'라고 되뇌며 조심스럽게 회사 건물 안으로 발을 들인 기억이 떠오른다. 그때의 나는 직무에 대해 거의 아는 게 없었고, 막연한 기대와 설렘만으로 가득했다.

신입사원 시절, 나는 '영업'이라는 직무에 대해 아는 것이 전무했다. 대학교에서 느꼈던 '영업'이라는 단어는 왠지 모르게 거리감이 있었다. 왁자지껄한 사람들 속에서 목소리를 높여 무언가를 파는 이미지, 혹은 고객에게 끊임없이 웃으며 응대하는 일, 그 정도의 편견이 있었다. '물건을 잘 팔면 되는 일 아닐까?'라는 단순한 인식이었다.

현실은 상상과는 전혀 달랐다. 처음 맡게 된 업무는 '양산 영업'이었다. 당시에는 이 업무가 어떤 일을 하는지도 정확히 몰랐다. '양산'이라는 단어는 생산과 관련된 용어라는 것 정도만 알고 있었지, 영업과 무슨 관련이 있는지는 감이 오지 않았다. 첫 주 업무 배정을 받고 나서부터, 나는 이 단어의 의미를 뼛속 깊이 배우게 되었다.

양산 영업

양산(量産)이란 말 그대로 많이 만들어 낸다는 말이다. 양산 영업은 단순히 고객이 원하는 제품을 납품하는 일처럼 보일 수도 있다. 그러나 자동차 업계에서 '양산'은 그보다 훨씬 더 복합적인 과정을 뜻한다. 한 번 수주가 확정되면, 그 순간부터는 본격적인 업무가 시작된다. 개발이 끝났다고 해서 일이 끝나는 게 아니다. 오히려 진짜 업무는 그때부터 시작된다.

수주가 확정된 이후, 제품의 가격을 산정하고, 회의를 진행하며, 금형비 등 개발 단계에서 이루어지는 세밀한 가격 대응 업무가 포함되어 있었다. 영업이 단순한 고객 응대나 판매에 머무르지 않고, 얼마나 전문적이고 복잡한 일인지 그제야 깨닫게 되었다.

사실 양산의 본질은 많이 생산하는 일이다. 지금까지 양산 영업의 일을 하며 느낀 새로운 정의를 내려보자면 다음의 두 가지로 생각할 수 있다.

첫째, 양산(陽傘)이다. 햇볕이 뜨거울 때 양산을 쓰면 온도가 5~10도까지 내려간다. 볕을 가리기 위해, 나를 보호하기 위해 양산을 쓴다. 우리의 양산은 회사를 보호하는 양산이다. 회사가 원활히 운영되려면 양산이 반드시 필요하다. 회사에 돈이 돌도록 해야 한다. 그곳이 곧 영업이기에 그 양산이 부러지거나 고장 나지 않도록 만들어야 할 의무가 있다.

둘째, 양산(養山)이다. 산림을 잘 가꾼다는 뜻이다. 많이 생산하는 것만이 중요한 것이 아니다. 얼마나 세심하게 가꾸는가에 따라 결과가 달라진다. 제품과 기술에 세심하게 신경을 쓰고, 다양한 관계와 복잡한 상황 속에서 꾸준히 관리해야 한다.

산림을 잘 가꾸는 '산림꾼'이 되어야 한다. 자신의 산을 잘 돌볼 때, 비로소 살림꾼이 될 수 있다. 살림을 알뜰하게 꾸려 나가려면, 내가 맡은 산을 정성껏 보살펴야 한다.

낯설고 두려운 시작

처음 일을 시작했을 때, 가장 먼저 마주한 감정은 두려움이었다. 하루하루가 긴장감의 연속이었다. 눈앞의 업무는 낯설었고, 내가 알고 있는 것보다 모르는 게 훨씬 많았다.

'내가 과연 이 일을 해낼 수 있을까?' 이런 생각이 늘 내면에 자리하고 있던 시기였다.

회의 시간마다 나오는 전문 용어들과 토론은 도무지 따라잡을 수가 없었다. 말은 알아듣지만, 그 의미가 와닿지 않았다. 질문을 해야 할 것 같은데, 너무 기본적인 걸 모른다는 생각에 입이 떨어지지 않았.

'이걸 지금 물어보면 너무 바보 같아 보이겠지?' 그런 생각이 머릿속을 떠나지 않았다.

처음 일을 시작했을 때는 두려움과 불안이 컸다. 내가 과연 해낼 수 있을까 하는 의문과 함께, 매 순간 부족함을 느꼈다. 실수가 계속되기도 했다. 그로 인해 회사에 피해가 가지 않을까 걱정이 컸다. 매일 아침 출근길에는 '내 실수 때문에 회사가 손해를 보면 어떡하지?' 하는 무거운 생각이 머릿속을 떠나지 않았다.

그럴 때마다 숨이 막히는 듯한 불안감에 휩싸였다. 마치 내 존재 자체가 누군가에게 부담이 되는 것처럼 느껴졌고, 내 손끝 하나가 회사에 손해를 끼치는 건 아닐까 하는 생각에 잠을 이루지 못했다. 아침마다 눈을 뜰 때면 머릿속을 맴도는 질문이 있었다.

'오늘은 무사히 넘길 수 있을까?'

그 시기의 나는 단순히 일이 힘든 게 아니었다. '내가 회사에 도움이 되는 사람인가?'라는 질문 자체가 자존감을 갉아먹고 있었고, 매일의 출근이 업무를 배운다기보다 스스로를 증명하는 싸움처럼 느껴졌다.

혼자가 아닌 나

혼자서 모든 걸 감당하는 데는 분명 한계가 있었다. 아무리 열심히 해 보려 해도, 방향을 모르고 달리는 마라톤은 지치기 마련이다. 보고서를 몇 번이고 수정해도, 왜 틀렸는지조차 모르는 상태였고, 메일 하나 보낼 때마다 심장이 떨리던 그 시절의 나는 서서히 혼자만의 한계에 부딪히고 있었다.

바로 그때, 나에게 진심 어린 손을 내밀어 준 사람들이 있었다. 내 곁의 선배들이었다. 업무에 쌓여 늘 바쁘던 그분들은, 내가 혼란스러워 보일 때마다 의외일 정도로 섬세하게 다가와 주었다.

"이건 이런 이유로 이렇게 흘러가는 거야."

"너는 일단 이 단계까지만 정확히 이해하면 돼."

선배들은 모든 걸 한꺼번에 알려 주려 하지 않았다. 대신, 내가 지금 어떤 부분에서 막히고 있는지를 정확히 짚어냈고, 마치 낙엽을 걷어내듯 혼란의 층을 하나씩 걷어내며 방향을 열어 주었다.

특히 기억에 남는 장면이 있다. 야근하던 어느 날, 나는 마감 직전에 고객에게 보낼 견적 자료를 정리하고 있었다. 숫자는 맞는데, 어떤 이유에선지 모르게 자료가 이상했다.

그걸 지켜보던 선배가 다가와서 아무 말 없이 내 자리 옆에 앉았다. 한참을 같이 화면을 들여다본 뒤, 그는 손가락으로 한 줄을 짚으며 말했다. "여기, 네 말은 맞는데 상대방 입장에서 보면 이렇게 이해될 수도 있어." 그러고는 문장을 고쳐주지 않고, 방향만 알려 줬다. 그날 나는, 단순히 문장을 고치는 법이 아니라 생각을 구조화하는 방법을 배웠다.

또 다른 날에는, 다른 선배가 내가 쓴 메일을 보고 이렇게 말했다.

"이 메일 좋은데 마지막에 한 줄만 더 추가해 봐."

"예를 들어요?"

"문의사항 있으시면 언제든 연락 주시기 바랍니다. 이 말 한마디만 있어도, 보는 사람이 편해져."

그 말은 단순한 예절 이상의 것이었다. 아주 사소한 일이지만 상대의 입장을 배려하는 것, 그것이 바로 진짜 영업이라는 것을 배웠다. 그때부터 나는 달라지기 시작했다. 아직 능숙하지는 않았지만, 무엇을 보고 배워야 하는지는 분명해졌다.

'이럴 땐 선배들이 어떻게 했지?'
'이건 전에 같이 고민했던 그 상황과 비슷한데.'

선배들이 걸어간 길을 쳐다보며 하나씩 따라 하기 시작했고, 그 과정이 누적되며 내 지식, 정보, 앎, 능력으로 변했다. 변화의 출발점에는 늘 선배들이 있었다. 그들은 답을 알려 주는 사람이 아니라, 길을 보여 주는 사람이었다. 그 덕분에 내 안에 숨어 있던 자신감의 씨앗을 발견할 수 있었다. 조심스럽지만 확실하게, 나는 스스로를 믿는 법을 배우기 시작했다.

두려움은 점차 사라지고, 나도 할 수 있다는 믿음이 자라났다. 그 자신감이 다시 업무를 배우고 성장하는 원동력이 되었다. 지금 돌아보면, 그때의 두려움과 어려움은 내 성장에 꼭 필요한 과정이었다. 그리고 무엇보다도 선배들의 도움과 격려가 있었기에 여기까지 올 수 있었다는 것을 절실히 느낀다.

모든 일은 연결되어 있다

신입인 나에게는 여전히 업무가 어려웠다. 처음에는 나 혼자만 일한다고 생각했다. 사막에 혼자 머리를 숨기고 있으면 스스로가 보이지 않을 것이라 착각하는 전갈처럼 혼자만 일하고 있었다. 지금 생각해 보면 바보 같은 생각이었음을 깨닫는다. 조금 일찍 깨달았으면 덜 고생했을 텐데, 그때는 주변이 보이지 않는 상황이었다.

내게 선배들의 도움은 세 가지 깨달음을 줬다.

첫째, 일은 함께하는 것이다. 팀이 있는 이유는 팀으로 구성될 때 강력한 힘을 발휘하기 때문이다. 혼자 일하는 것이 효율적이고 올바르다면 왜 굳이 팀을 만들고, 조직을 구성하겠는가. 선배들에게 많이 물어보고 배워야 한다. 후발주자들의 강점은 타인의 시행착오를 경험하지 않고 빠르게 따라갈 수 있는 노하우가 주변에 존재한다는 점이다. 이를 잘 활용해야 좋은 사회인이 될 수 있다.

둘째, 내가 하는 업무가 누구와 연관되어 있는지를 물어야 한다. 내일이 끝나면 모든 일이 끝나지 않는다. 내가 하는 일이 어떤 일과 연결되어 있는지 살펴야 한다. 영업이 수주하면 수주한 제품이 어떻게 만들어지는지에 대한 전반적인 과정을 알고 접근해야 한다. 공장에서는 어떻게 움직이고, 설계에서는 어떤 기준으로 설계하며, 품질에서는 어떤 품질 조건으로 확인하는가 등의 업무를 알아야 전체성을 갖는다.

전체성 없이 일을 하다 보면 늘 문제가 발생한다. 코끼리를 두고 한 사람은 부채처럼 생긴 귀만 이야기하고, 한 사람은 기둥처럼 생긴 다리만 이야기한다. 서로가 맞는 말이지만 종합적 판단을 통한 말이 아니다. 이 종합적 판단은 영업에서 내릴 수 있어야 한다. 그래서 내가 하는 일이 어디로 흘러가는지를 알아야 한다. 내가 하는 업무의 프로세스를 정확하게 이해하고 있는지 확인할 필요가 있다.

셋째, 혼자 고민하지 말고 나눠 보자. 사람은 혼자 살아갈 수 없는 생명이다. 서로 돕고 사는 것이 인생이다. 선배가 후배를 돕고, 후배가 선배의 일을 돕는다. 고민이 있다고 해서 스스로를 자책할 필요는 없다. 언제든 믿을 수 있는 사람과 나누고, 논리를 점검하며, 새로운 시각을 얻는 것이 중요하다.

결국 이 세 가지는 모두 연결된다. 팀을 이해하고, 전체 프로세스를 알고, 서로 지혜를 나누어야 한다. 선배가 내게 가르쳐 준 것은 단순한 업무 지식이 아니라, '혼자가 아닌 사람으로서, 조직 안에서 제대로 일하는 법'이었다. 이 깨달음을 마음에 새길 때, 비로소 업무가 명확해지고, 성장할 수 있다.

실수를 줄여라

양산 업무에서 가장 중요한 것은 숫자다. 숫자가 틀리면 반드시 문제가 된다. 실수 하나가 큰 파급력을 불러일으키기도 한다. 항상 내가 하는 업무에 실수는 없는가를 살펴야 한다. 실수란 조심하지 않기 때문에 일어나는 잘못된 일이다. 조심성이 없으면 실수가 생긴다. 선배들은 항상 실수를 줄이라고 조언하지만, 가끔 발생하는 실수들을 보며 스스로를 자책하곤 한다.

영업인은 숫자를 다루는 사람이다. 그만큼 숫자 하나에 유의해야 한다. 금액에 0이 하나 더 붙고, 붙지 않고에 따라 억 단위로 금액이 변한다. 휴먼 오류는 없는지, 오타나 엑셀 수식의 오류는 없는지를 늘 확인해야 한다. 실수를 줄이는 꼼꼼함을 가져야 한다.

업무를 빠르게 처리하는 것은 좋은 습관이다. 다만, 대충 처리해서 빠르게 업무를 끝내려고 하는 마음을 버려야 한다. 일에는 중요도가 있다. 중요도가 크지 않은 일은 금방 끝낼 수 있지만, 가격을 결정하거나, 정보를 공유할 때는 내 숫자 하나에 많은 선택이 좌우된다. 그런 이유이기에 실수를 줄여야 한다.

가장 좋은 방법은 꼼꼼해지는 것이다. 들뜨지 않고 차분한 마음으로 조심스럽게 접근해야 한다. 대충이라는 말을 마음속에서 지워야 한다. 꼼꼼해지려면 재확인하는 습관을 가져야 한다. 메일 보내기 전 내가 보내려는 파일이 맞는지 확인하고, 내가 수정한 부분이 반영되었는지 확인해야 한다.

처음부터 꼼꼼하게 일 처리하는 습관을 가져야 한다. 신입사원 때는 속도보다는 꼼꼼함이 중요하다. 능력이 될 때, 빠르게 처리하는 과정을 거치면 비로소 전문가로 거듭난다.

Why를 늘 생각하라

영업에 대해 글을 쓰면서, 또 SPOC로 일하면서도 공통적으로 깨달은 한 가지가 있다. 바로, 내가 이 일을 왜 하는지 명확히 알아야 한다는 점이다. 《스타트 위드 와이》라는 책에는 'Why'의 중요성을 강조한다. 여기서 'Why'란 우리가 하는 일의 목적, 신념, 존재 이유를 뜻한다.

우리가 왜 영업에 있는지를 깨달아야 한다. 이 일을 왜 하고 있는가? 나는 왜 지금까지 걸어온 길을 돌아보며 글을 쓰고 있을까? 왜? 그 사실을 아는 사람만이 앞으로 어떻게 해야 할지 알 수 있다.

우리가 흔히 모세의 기적으로 알고 있는 이야기의 주인공 모세는 오랜 시간 동안 방랑의 여정을 이끌었다. 40년이나 되는 시간 동안 사막을 떠돌다 마침내 약속의 땅을 볼 수 있었다. 기나긴 시간 속에서 구성원들은 불안과 지침으로 인해 이탈하기도 했다. 하지만 모세는 십계명을 받는 등 역사적인 순간들을 이끌어 냈고, 수많은 사람들을 끝까지 이끌어서 목표한 곳에 도착했다.

모세가 긴 시간 동안 목표를 향해 나아갈 수 있었던 이유는 단순한 리더십 능력 때문만은 아니었다. 무엇을 위해 이동하고 있는지, 어디를 향해 가야 하는지에 대한 분명한 목적과 방향이 있었기 때문이다. 일을 하려면 반드시 그 목적과 방향성을 명확히 이해하고 있어야 한다.

우리는 무엇을 바라보아야 하고 어디로 가야 하는가? 자신이 던진 질문에 대해 스스로 답을 찾아야 한다. 이 질문에 대한 명확한 인식이 있을 때, 비로소 모세처럼 고난과 역경 속에서도 흔들리지 않고, 구성원들을 이끌며 기적을 만들어낼 수 있다.

'Why'를 아는 사람만이 흔들리지 않는다. 단순히 업무를 수행하는 것에 그치지 않고, 스스로 동기를 부여하며 의미 있는 선택을 할 수 있다. 영업 현장은 수많은 변수와 불확실성으로 가득하다. 고객의 마음을 읽고, 상황을 조율하며, 때로는 거절과 실패를 반복하는 자리다.

이 과정에서 방향성을 잃지 않으려면, 내가 하는 일이 단순한 거래가 아니라 어떤 목적과 가치에 닿아 있는지 늘 되새겨야 한다. 내가 왜 이 길을 선택했는지, 무엇을 위해 움직이는지를 아는 순간, 눈앞의 어려움도 명확한 판단과 행동으로 이어진다.

2
6년차 영업인의 시각

변화의 기로에 선 선택의 순간

24년 4월, 내 업무에 큰 변화가 찾아왔다. 그 시작은 그해 2월, 설날을 앞둔 어느 날이었다. 조용한 오후에 실장님이 나를 부르셨다. 조용히 할 말이 있다며 회의실로 데리고 가셨다. 평소와는 조금 다른 분위기였다.

"권아, SPOC 한 명 자리가 비는데, 한번 해 볼 생각 있나?"

순간, 머릿속이 하얗게 변했다. 'SPOC'라는 단어는 익숙했다. 사내 메일에서 종종 보았고, 선배들이 지나가듯 언급하는 걸 들은 적도 있었다. 하지만 그것은 나와는 거리가 먼, 어딘가 다른 세상의 이야기처럼 느껴졌다.

SPOC(Single Point of Contact)란 단일 창구라는 뜻이다. 말 그대로는 간단하다. 소통이 필요할 때, 단 하나의 접점을 통해 모든 흐름을 조율한다는 의미다. 실제 업무 속의 SPOC는 그 이상의 의미를 담고 있었다.

SPOC는 회사의 전략을 설계하는 최전방의 부서였다. 아직 시장에 나오지 않은, 그러나 언젠가는 반드시 필요한 기술과 제품을 고객에게 가장 먼저 제안하고, 내부적으로는 선행 개발, 설계, 구매, 생산 등 수많은 부서와 연결되어 프로젝트를 끌어가는 중심축이었다. '고객'과 '회사' 양쪽의 미래를 동시에 설득해야 하는 자리였다.

내가 지금껏 해 오던 양산 영업과는 전혀 다른 영역이었다. 그동안 나는 양산 이후의 가격 협상, 금형비 산정, 생산 수율 관리 등 실무 중심의 업무를 해 왔다. 정해진 틀 안에서 리스크를 관리하고, 고객과의 조건을 조율해 수익을 확보하는 게 내 역할이었다. 반면 SPOC는 개발 이전, 아이디어의 초기 단계부터 프로젝트 전체의 방향을 설계하고 조율하는 자리였다. 문제를 푸는 사람이 아니라, 문제 자체를 만들고 제시해야 하는 역할이었다.

그 자리에서 나는 확답을 하기가 어려웠다. '내가 이 일을 잘 해낼 수 있을까?' '지금의 업무도 이제 막 익숙해졌는데, 다시 처음부터 배우는 게 가능한 걸까?' 머릿속에선 수많은 생각이 오갔다. 두려움, 망설임, 자기 확신의 부족이 문제였다. 조금은 부끄럽지만 솔직한 감정도 있었다.

"지금까지 쌓아온 내 커리어를 부정하는 일 아닐까?"

나는 입사 5년차였다. 조금씩 실력을 인정받으며 나만의 위치를 만들어 가고 있었다. 그러나 SPOC로의 이동은, 기존의 길에서 벗어나 전혀 다른 세계로 들어서는 선택이었다. 내가 그간 노력해 온 시간이 무의미해지는 건 아닐까 하는 생각도 들었다.

그런 나에게 한 가지 매혹적인 조건이 있었다. SPOC 팀에는 내가 입사 초기 가장 존경했던 두 선배, 동아리를 함께하고 있는 박용우 선배님과 김형기 선배님이 계셨다. 회사 생활 초기에 '나는 저런 사람이 되고 싶다.'고 느끼게 해 준 분들이었다.

신입시절 회의 때 발표하는 모습을 보고 멋있다고 느꼈다. 두 선배들의 말에는 힘이 있었고, 내용에는 맥락이 있었다. 회의실 안팎에서 나누는 한마디 한마디가 나에게는 배움의 연속이었다. 그런 분들과 함께 일할 수 있다면 아무리 어렵더라도 다시 배울 수 있지 않을까. 지금보다 더 나아질 수 있지 않을까. 그 생각이 마음속 어딘가에서 작은 불씨처럼 꺼지지 않고 있었다. 그래서 나는 결심했다.

"해 보겠습니다."

그 한마디로, 나는 SPOC 팀의 새로운 일원이 되었다.

낯설고 두려운 시작

SPOC로 옮긴 첫날은 모든 것이 새로웠다. 회의는 전혀 다른 언어로 진행되었고, 메일 한 줄조차 이해하기 힘들었다. 기술 용어, 개발 단계의 흐름, 고객의 인사이트, 내부 부서 간 이해관계 등이 끝없이 펼쳐졌다. 어느 하나 익숙한 것이 없었다.

심지어 내가 작성한 첫 회의록은 퇴고 끝에 전면 수정되었다. 처음엔 민망했고, 창피하기도 했다. 그런데 놀랍게도, 선배들은 나를 나무라지 않았다. 오히려 "처음에는 누구나 그런 거야.", "우리가 도와줄게."라며 하나하나 세심하게 설명해 주셨다.

　회의 내용을 복기하며 나에게 따로 정리본을 공유해 주고, 기획의 배경과 논리를 다시 짚어 주었다. 심지어 어떤 메일을 어떤 어조로 써야 하는지도 조언해 주었다. 선배들의 신뢰와 기다림은 내가 다시 중심을 잡고 앞으로 나아갈 수 있게 해 주는 든든한 발판이었다.

　시간이 흐르고 하루하루를 견디던 시간이 길어졌다. 어느 순간부터는 일이 돌아가는 흐름이 보이기 시작했다. 처음엔 메일 하나 보내는 것도 두려웠던 내가, 이제는 고객과의 사전 미팅을 주도하고, 내부 리뷰를 준비할 수 있게 되었다.

　아직 갈 길은 멀지만 확실한 것은 예전의 나와는 분명히 달라졌다는 점이다. 처음엔 선배들과 함께 일하고 싶어서 선택했던 자리가, 이제는 내가 주도적으로 책임져야 할 자리로 바뀌고 있었다.

　SPOC로 옮긴 지 1년이 훌쩍 넘었다. 함께했던 선배들은 팀장이 되어 떠나갔다. 지금은 새로운 선배와 SPOC의 역할과 운영 방향을 함께 고민하고 실험하고 있다.

　내가 처음 이 길에 들어설 때, 가장 두려웠던 건 '잘할 수 있을까?'라는 불안이었다. 하지만 이제는 "잘할 수 있어서가 아니라, 잘하고 싶어서 시작한 길"이었다는 것을 깨닫는다. 그것이 내가 택한 새로운 도전의 본질이었다. 앞으로도 내가 선택할 기준이 될 것이다. 물이 썩지 않으려면, 고인 물이 되지 않으려면 늘 변화의 바람이 불어야 한다. 변화

속에서 살아가야 늘 맑은 물로, 흐르는 물로, 썩지 않는 물로 살 수 있다. 나는 그런 삶을 늘 꿈꾼다.

새롭게 정의하고 제시하는 곳, SPOC

SPOC에서 내가 맡은 일은 아직 시장에 출시되지 않은 아이템을 고객에게 가장 먼저 소개하는 일이다. 정확히 말하면, 시중에는 존재하지 않지만 언젠가는 필요해질지도 모르는 기술이나 제품을 지금 이 순간에 고객 앞에서 꺼내 보이며 설명하는 일이다.

이는 단순한 프레젠테이션이 아니다. 아직 개발이 완료되지 않았고, 수요조차 불확실하며, 심지어 사내에서도 방향이 명확히 정해지지 않은 상태다. 그런 상황에서 나는 가장 먼저 그 아이템의 필요성과 의미, 실현 가능성을 조리 있게 설명해야 한다. 고객이 그것을 실제로 '나올 수 있는 것'처럼 받아들이게끔 만들어야 한다.

사실 내게 가장 큰 부담이 되는 시간이 있었다. 바로 전시회를 준비하고 대응하던 날이었다. 많은 고객사 담당자들이 전시회를 찾았다. 그들은 제품 하나하나를 꼼꼼히 살펴보았고, 생각보다 예리하고 구체적인 질문을 던졌다.

"이거 실제로 출시되는 건가요?"
"언제쯤 적용할 수 있을까요?"

이 질문들 앞에서 나는 조심스럽지만 단호하게 대답해야 했다. 기술적인 설명을 넘어서, 현실적인 설명으로 전환되는 지점이었다. 그중에서도 가장 민감한 질문은 단연 가격이었다.

"이거, 가격은 얼마쯤 하나요?"

이 질문을 받는 순간, 나는 멈칫했다. 이건 단순한 수치의 문제가 아니었다. 미래의 가치를 현재의 언어로 환산해야 하는 어려운 질문이었다. 나는 조심스럽게 입을 열었다.

"이 정도 사양이라면, 이 정도 단가를 목표로 보고 있습니다."

물론 그 가격은 확정된 가격이 아니었다. 그렇다고 허황된 예측으로 전혀 맞지 않는 가격은 아니었다. 고객이 이 아이템을 현실적인 비즈니스로 받아들일 수 있도록 '판단의 기준'을 제공하는 말이었다.

아직 없는 미래를 오늘의 언어로 번역하는 일

선행 아이템은 아직 제품이 아니다. 정식으로 승인된 기준도 없고, 생산 공정도 확정되지 않았다. 그럼에도 고객은 그것을 '사업의 기회'로 본다. 즉, 가능성이 아니라 현실성을 묻는 것이다. 이때 나는 기술만으로는 부족하다는 것을 절실히 깨달았다.

아무리 미래지향적인 아이템이라도, 그것이 현실의 언어로 설명되지 않으면 그저 '좋은 아이디어'에 그친다. 그 정도라면 단순히 기술을 보여 주는 것에 그치지 않는다. 작동 방식이나 구조를 설명하는 것만으로는 충분하지 않다는 걸 이미 여러 번 경험했다. 고객은 언제나 기술보다 '그 기술이 자기 회사에 어떤 의미가 있을지'를 먼저 묻는다.

"이거, 우리 시스템에 그대로 붙일 수 있는 건가요?"

"이 기술로 뭘 할 수 있는데요?"

"비용은요? 얼마나 효과가 있을까요?"

그 질문들 앞에서, 나는 기술자가 아니라 하나의 '기획자', 혹은 '사업 설계자'가 되어야 했다. 머릿속에서는 즉석으로 시나리오를 구성한다. 어떤 고객에게는 원가 절감이라는 키워드로 접근하고, 어떤 고객에게는 브랜드 가치나 프리미엄 포지셔닝의 가능성으로 방향을 바꾼다. 같은 기술이라도 고객마다 보는 관점이 다르기에, 나는 매번 설명 방식을 바꿔야 한다.

정해진 답은 없다. 고객이 무엇에 민감한지, 어떤 시선으로 기술을 바라보는지를 파악해야 한다. 그리고 그들의 언어로 기술을 '번역'해야 한다. 가격에 대해서도 마찬가지다. 확정된 수치는 없지만, 완전히 추상적인 숫자를 말할 수도 없다.

그 사이에서 나는, '고객의 시점에서 이해 가능한 가이드'를 제시한다. 그러면서도 혹시라도 그 말이 오해를 낳지 않도록, 조심스럽게 단어 하나, 표현 하나에 신중을 기한다. 이건 말 그대로, 미정과 확정 사이를 걷는 줄타기다. 고객이 진지하게 검토할 만큼은 구체적이어야 하지만, 나중에 상황이 바뀌었을 때 책임이 되지 않을 만큼 유연해야 한다. 그 모순 속에서 나는 늘 고민한다.

'이 말이 과연 맞는 접근일까?'

'지금 이 설명이, 이 고객에게 신뢰로 작용할 수 있을까?'

정답은 없지만, 그 질문을 멈추지 않는 것이 지금의 내가 해야 할 가장 중요한 일이다.

이런 다양한 경험을 거치며 내가 하는 일은 단순한 '기술 전달'이 아니라는 사실을 깨닫는다. 기술은 엔지니어가 만들지만, 그 기술의 가능성을 '현실적인 그림'으로 설명하는 것은 바로 나의 몫이다. 그 순간마다 나는 늘 긴장한다. 내가 전하는 한 문장이, 고객사의 전략 방향에 영향을 줄 수 있기 때문이다. 내가 제시하는 '가이드 가격' 하나가, 고객 내부에서 수개월간의 논의로 이어질 수도 있다.

이 과정은 나를 긴장하게 하지만, 반대로 정신 차리고 일할 수 있도록 돕는다. 그렇기 때문에 SPOC의 자리는 매력적이다. 아직 시장에 없는 것을 가장 먼저 이야기할 수 있기 때문이다. 가장 먼저 가능성을 열고, 가장 먼저 실패할 수 있는 사람이기에, 또한 가장 먼저 배울 수 있는 사람이기도 하다. 그 책임은 크지만, 그만큼의 기회도 내게 주어진다.

오해를 없애라

영업은 무엇보다 소통이 많은 자리다. 다양한 회의에 참석하고, 의견을 제시할 기회도 많다. 고객과의 소통 창구이기 때문에, 많은 정보를 접하고 이를 정확히 공유할 책임이 있다. 특히 최전선에서 일하는 SPOC는 끝없는 회의와 토론 속에서 조율자의 역할을 수행해야 한다.

사람들은 정보를 선택하고, 선택한 정보를 분석하고, 분석한 정보에서 결론을 도출한다. 마지막 도출된 결론으로 행동에 옮긴다. 각자가 선택한 정보가 다르기에, 분석도 다르고, 결론도 다르고, 행동도 다르다. 사람이 같을 수는 없다.

소통을 잘 하려면 둘 사이에 있는 공통분모를 넓혀야 한다. 공통적으로 인식하는 것을 넓혀야 원활한 커뮤니케이션을 이룬다. 서로의 생각에 차이가 있음을 인식해야 한다. 나와 이야기하고 있는 사람들은 나와 같지 않다는 사실을 받아들여야 한다.

단순히 내가 속한 팀의 의견만 전달해서는 안 된다. 영업은 내부 고객과 외부 고객 사이에서 메시지가 정확히 전달되는지를 확인하고 조율해야 한다. 작은 실수 하나, 잘못 전달한 가격이나 부주의한 메일이 내부 혼선을 만들 수 있고, 때로는 몇 년 후에 다시 문제가 되기도 한다.

그렇기에 우리는 회의록을 작성하고, 중요한 결정과 조건, 요청 사항을 문서화하고 공유한다. 기록이 있어야 오해를 예방할 수 있고, 혹시 오해가 생기더라도 근거를 바탕으로 바로잡을 수 있다. 중요한 사항은 상대방이 정확히 이해했는지 확인하고, 기록으로 남길 수 있는 수단을 활용해 재확인하는 과정이 필요하다.

영업이 하는 말은 절대 가볍지 않다. 그 말 한마디가 회사의 신뢰와 성과에 직접 연결되기 때문이다. 오해를 부를 수 있는 말은 삼가고, 항상 명확하고 신중하게 표현해야 한다.

5년차 선배의 조언

사원에서 선임으로 진급하고, 5년차에 이르렀다. 점차 후배들이 생기기 시작했다. 선배가 되었기에 후배에게 조언할 일이 생긴다. 여전히 아는 것이 없는 나에게 묻는 것이 부담스럽기는 하지만 나름의 노하우와 일하는 방식을 설명해 주곤 한다.

사실 내가 가장 크게 느낀 것은 간단하다. 지금 하고 있는 아주 사소한 일에도 빈틈없이 처리해야 한다는 것이다. 지금 놓치지 말고 알아야 한다. 내게 주어진 업무를 완벽하게 숙달한 다음 넘어가야 한다. 알 수 있는 시간은 지금밖에 없다.

선배가 되어 가장 못난 모습을 보일 때는 언제일까. 누군가의 물음에 '모르겠는데?'라고 답할 때이지 않을까. 물론 모르는 것을 모른다고 말할 수 있는 용기가 있어야 하겠지만, 처음 업무를 접할 때 끝까지 파고 드는 습관을 가져야 한다.

예를 들어 처음 보는 기술이나 단어가 있다. 그 기술은 어떤 기술인지, 어떤 검증을 거쳤고, 어떤 생산방식을 가져가는지를 알아야 한다. 만약 새로운 일을 한다면 어떨까. 그 일의 목적, 파급효과, 프로세스 등을 알아야 한다.

우리가 용인 받는 기간은 길지 않다. 시간이 지나면, 고객도 동료도 우리의 부족함을 기다려 주지 않는다. 용인받을 수 있는 기간, 실수를 허용 받는 기간 동안 많은 것을 묻고 파고들고 질문해야 한다.

고객과 전화 통화하는 것, 회의 일정을 잡고 회의록을 정리하는 것,

사소한 잡무와 같은 모든 경험들이 성장의 재료가 된다. 일에 대해 감이 잡히기 시작하는 것은 일정치가 지나야 한다. 연못에 돌을 계속 던지면 처음에는 아무런 티도 나지 않지만 계속해서 던질 때 내가 던진 돌이 수면위로 넘친다. 그런 경험들이 한계치를 넘어가면 비로소 전문성을 갖게 되고, 성장의 결과물이 보이기 시작한다.

전력을 다하는 시간이 필요하다. 워라밸도 중요하지만, 그 워라밸을 이루기 위한 준비 기간이 필요하다. 변호사가 되려면 변호사시험을 준비하는 시간을 보내야 한다. 그 기간이 없으면 변호사가 될 수 없다. 영업인도 마찬가지다. 영업인이 되려면 영업인이 되기 위한 준비 기간이 필요하다. 그 기간이 사원의 기간이고, 사원의 기간을 얼마나 충실하게 보냈는가에 따라 차후의 영업 인생이 달라진다. 그래서 나는 후배들에게 사원의 시간 동안 최선을 다해 보내라고 조언한다.

최고의 영업사원이란?

내가 생각하기에 최고의 영업사원은 모르는 것이 없는 사람이다. 가끔 누군가에게 제품에 대해 물었을 때 '그것은 제가 관리하는 품목이 아닙니다.'라는 답변을 받을 때가 있다. 이 말은 동료에게 물었을 때는 인정이 되지만, 고객이 물었을 때는 수용하기 어려운 말이다. 고객에게 영업인들은 특정 제품의 담당이 아니라 회사를 대표하는 사람이다. 내가 담당하는 제품이 아니라고 해서 관심 갖지 않고 있으면 안 된다.

어떤 제품이든 설명하고 제시할 수 있는 폭넓은 지식과 정보를 갖추는 것이 영업인의 필수 조건이다. 그 때문에 영업은 쉽지 않다.

만약 모르는 것이 있다면 단순히 '모른다.'고 답하는 것만으로는 부족하다. 반드시 알아보고 돌아오겠다는 태도, 혹은 관련 정보를 연결해 설명할 수 있는 능력이 필요하다. 고객은 단순한 정보 전달자가 아니라, 문제를 해결하고 가치를 제시할 수 있는 전문가를 원한다.

결국 최고의 영업사원은 지식과 관심, 책임감이 결합된 사람이다. 자신이 담당하지 않은 영역도 내 일처럼 챙기고, 모든 질문에 성실하게 대응하며, 고객에게 회사의 신뢰를 전달할 수 있는 사람. 그런 사람이 되어야만 영업의 어려움 속에서도 견뎌 낼 수 있다.

3
가능성을 현실로 만드는 사람

더 크게 성장하기 위해서 가져야 할 마음

늘 내게는 성장이라는 목표가 있다. 보다 나은 사람이 되고자 하는 마음은 누구나 있을 것이다. 그를 위해 필요한 마음이 있다. 개인이 더 크게 성장하려면 세 가지 마음이 필요하다.

첫째, 열심히 최선을 다하는 마음. 둘째, 진심을 다하는 마음. 셋째, 무뎌지지 않도록 지속적으로 결심하며 지켜 나가는 마음이다.

단순히 열심히만 해서 되는 것은 아니다. 진심만으로도 충분하지 않다. 결심만 한다고 해서 이루어지지도 않는다. 먼저 올바른 방향과 목표를 설정해야 한다. 목표를 세우면 그것이 나를 이끌어 준다. 그 위에 자발적인 진심을 더해야 한다. 매사를 가볍게 여기지 않고, 진지하게 대할 때 성장의 기반이 만들어진다. 흔들리지 않는 결심을 위해서는 지속적인 동기부여가 필요하다. 마음을 다잡고, 스스로를 끊임없이 북돋우는 과정이 성장의 토대가 된다.

결국 성장이라는 목표는 단순한 바람이 아니라, 매일의 선택과 행동 속에서 만들어진다. 올바른 목표를 세우고, 진심을 다하며, 흔들리지 않는 결심을 지켜 나갈 때, 비로소 우리는 한층 더 나은 자신으로 나아갈 수 있다. 성장의 길은 쉽지 않지만, 그 길 위에서 쌓이는 경험과 노력이야말로 우리를 단단하게 만들고, 더 큰 가능성으로 이끄는 힘이 된다.

오늘의 작은 노력 하나하나가 내일의 나를 만들어 간다는 사실을 기억하며, 나는 또 한 걸음 앞으로 나아간다.

논리와 감정의 조율자

나는 아직 6년차 영업인이다. 길다면 길고 짧다면 짧은 시간일지 모른다. 어떤 사람들은 영업을 한 지 10년, 15년을 지나서야 '조금 알 것 같다.'고 말한다. 솔직히, 글을 쓰면서도 스스로에게 묻게 된다.

'지금 내가 영업을 이야기할 자격이 있을까? 감히 내 경험으로 '영업의 본질'을 말해도 될까?'

그럼에도 나의 6년을 돌아보니 내가 만난 사람들과 겪었던 파란만장한 일들이 내 안에 차곡차곡 쌓여 있었다. 그 시간들을 통해 '영업이란 무엇인가?'라는 질문에 조금은 답할 수 있을 것 같다.

처음엔 아무것도 몰랐다. 회의실에 앉아도 무슨 이야기를 하는지 이해하지 못했고, 왜 특정 조건에서 고객이 반응하는지도 알 수 없었다. 하지만 시간이 지나면서, 수많은 만남과 경험이 내 몸과 마음속에서 조금씩 연결되기 시작했다.

영업은 '논리'와 '감정' 사이의 균형이다. 쉽게 말하면, 내가 하고 싶은 말과 내가 느끼는 감정 사이의 싸움이기도 하다. 동시에 고객이 가진 논리와 감정까지 함께 감당해야 한다. 그 논리와 감정 사이에서도 조율하는 능력이 필요하다.

나만의 영업

영업은 단순히 숫자를 쫓는 일이 아니다. 양산 영업을 통해 실제 공정을 배웠다면 SPOC를 통해 무한하게 펼쳐지는 가능성을 현실로 만드는 방법을 배웠다.

사실 내게 있어 영업은 SPOC를 통해 꽃을 피웠다고 해도 과언이 아니다. 2년의 시간이 4년의 양산 영업의 시간보다 치열했던 것 같다. 그렇다고 해서 기존의 시간들이 가치가 낮다는 말이 아니다. 그 4년의 준비 덕분에 현재의 시간이 또렷하게 보내고 있다.

생텍쥐페리는 배를 만들기 위해 사람들에게 일일이 지시하지 말고 바다에 대한 동경을 심어 주라고 말했다. 이 말은 내가 하는 업무에도 적용된다. 회사 동료들에게 제품을 만들어야 한다고 말하기보다 우리가 가야 할 방향을 알려 주고, 우리가 꿔야 할 꿈을 제시하며, 우리가 펼쳐낼 가능성을 현실로 해석해 주는 곳, 그곳이 영업이다.

영업은 단순히 거래를 성사시키는 일이 아니다. 그것은 가능성을 현실로 만드는 과정이며, 사람과 조직을 움직이는 힘을 가진 자리다. 우리는 고객과 내부 조직 사이에서 길을 안내하고, 때로는 아직 눈앞에 보이지 않는 목표를 함께 그려 나간다.

  결국 영업인은 길잡이이자 조율자이며, 가능성을 현실로 바꾸는 촉매다. 우리가 하는 말과 행동 하나하나가 회사의 성과와 신뢰에 연결되어 있고, 우리의 비전과 목표를 명확히 보여줄 때, 사람들은 그 길을 따라 움직인다. 영업은 그저 팔고 끝나는 일이 아니라, 꿈을 설계하고, 가능성을 현실로 만들어 가는 예술에 가깝다. 오늘도 우리는 그 길 위에서 가능성을 현실로 바꾸며 나아간다.

곽동일

영업은 생존이다

1. 영업이란 무엇인가
2. 왜 영업 '사원'인가
3. 영업인의 생존법
4. 생존 영업의 길

1
영업이란 무엇인가

영업이라는 세상에 들어선 지 3년이 지나간다. 그동안 영업이란 무엇인지에 대한 질문을 자주 던졌지만 여전히 명확한 답을 찾기 어려웠다. 그 속에서 나름의 정의를 내려 보자면 이렇다. 수없이 많은 불확실성 속에서 다양한 사건들이 벌어지는 곳이 영업이라는 환경이고, 많은 변화가 일어나는 환경 속에서 생존하여 성과를 내야 하는 사람이 바로 영업인이다.

흔히 요즘 시대를 뷰카시대라고 말한다. 뷰카(VUCA)란 변동성(Volatility), 불확실성(Uncertainty), 복잡성(Complexity), 모호함(Ambiguity)이라는 4가지 키워드로 변동성이 심하고, 불확실하고, 복잡하고, 모호한 환경을 의미한다. 뷰카라는 환경에 가장 깊숙하게 들어와 있는 곳이 영업이지 않을까.

영업을 선택했다면 영업이 무엇인지는 알고 시작해야 한다. 영업이란 대체 무엇일까. 하는 일을 보면 발을 담그지 않는 곳이 없다. 제일 처음 영업에 왔을 때 과연 영업의 영역은 어디인가를 고민하였었지만 이를 깨닫기는 쉽지 않았다. 시간이 지나고 지금에 와서 돌아봤을 때 영업은 전체적인 부분을 모두 챙겨야 하는 것을 깨닫는다.

엔비디아의 젠슨 황은 엔지니어링부서에서 영업부서로 이동한 것이 인생에서 가장 훌륭한 선택이라고 말했다. 자신이 파는 상품이 무엇인지 알고, 만나는 고객이 누구인지 아는 곳은 영업밖에 없다. 전체를 살필 수 있는 곳, 그곳이 바로 영업이다.

회사가 잘하는 물건을 파는 것도 중요하지만 더 중요한 것은 고객이 좋아하는 물건을 파는 일이다. 이를 직접 알 수 있는 곳이 영업이다.

첫 번째, 영리를 목적으로 하는 곳

사전에서 영업의 뜻을 찾아보면 영리를 목적으로 하는 사업이라고 나와 있다. 영업은 이익을 목적으로 하는 집단이다. 영업의 모든 판단과 결정은 이익을 낼 수 있는가에 대한 기준으로 진행되어야 한다.

영업은 매순간 계산해야 하는 곳이다. 무엇이 이익이고 손실인지를 계산해야 한다. 이런 영리를 판단하려면 단기적인 시각과 장기적인 시각이 모두 필요하다. 눈앞의 결과에만 매몰되지 말고 미래의 결과까지 염두에 두어야 한다.

돈을 벌지 못하는 영업은 실패한 영업이다. 단기적인 양보로 장기적인 이익을 얻을 수 있다면 성공한 영업이다. 그래서 영업인은 일회일비할 수 없다. 장기적인 안목을 키울 수 있는가에 따라 영업인의 성패가 결정된다.

이익에는 물질적인 보탬과 정신적인 보탬이 있다. 영업인은 이 두 가지를 목적으로 해야 한다. 물질적인 보탬은 돈을 벌어오는 일이다. 돈을 벌고 싶다면 하고 싶은 일만 할 수 없다. 해야 할 일을 하고 고객이 원하는 일을 해야 한다.

그렇다면 정신적인 보탬이란 무엇인가. 마음자세, 태도가 이익이 되어야 한다. 영업인은 마음자세를 살피고 태도를 가다듬어야 한다. 정신적인 영역 또한 영업인이 보태야 하는 일이다. 회사를 대할 때, 팀원을 대할 때, 타부서인원을 대할 때 따뜻한 자세와 태도를 보여야 한다.

두 번째, 부지런해야 하는 곳

영업은 영어로 비즈니스와 세일즈 두 개로 나눠진다. 'Sales'는 단순한 판매를 의미한다. '판다'는 뜻의 販(판)은 조개(貝)와 돌아오다, 보답하다(反)의 뜻을 가진 한자가 합쳐졌다. 조개는 화폐를 의미하는데, 돈으로 돌려받는 일반적인 거래를 뜻한다. 'Business'는 일반적인 세일즈라는 판매행위보다 더 상위의 개념이다. 사업, 장사, 일, 업무 등의 뜻이 포함되어 있다.

'Business'의 어원은 'busy'라는 '바쁘다'의 뜻이다. 우리의 일은 바쁘게 진행된다. 여유 있는 삶은 영업이 아니다. 아프니까 청춘이 아니라 바쁘니까 영업이라는 말로 영업을 나타낼 수 있다. 영업에 멈춤이란 존재하지 않는다. 영업은 늘 부지런해야 한다.

발에 땀나게 뛰어다니고 손에 땀나게 타자를 치고, 귀에 땀나게 전화를 받아야 한다. 영업에 있다면 처음부터 이런 설정이 되어야 한다. '왜 이렇게 바쁜 걸까.'라는 라는 마음이 들 때 '원래 영업은 바쁘다.'라는 인식이 있다면 한결 편안해진다. 바꿀 수 없는 것을 받아들이기 때문이다.

영업은 본질적으로 멈출 수 없는 일이다. 목표는 늘 존재하고, 그 목표를 향해 달려가는 과정에서 우리에게 주어지는 일상은 반복적이지만 결코 단순하지 않다. 매일 같은 고객을 만나고, 같은 제품을 이야기하지만, 어제와 오늘은 다르다. 고객의 기분이 다르고, 시장의 분위기가 다르고, 나의 컨디션도 다르다. 영업이란 끊임없이 변하는 상황 속에서 자신을 조율하고 방향을 잡는 일이다.

영업은 단순히 물건을 파는 행위가 아니다. 고객의 마음을 이해하고, 그들의 필요를 정확하게 포착해 해답을 제시하는 과정이다. 그러기 위해 우리는 바빠야 한다. 단지 몸만 바쁜 것이 아니다. 생각도 바빠야 한다. 고객을 만나기 전에는 그들의 상황을 고민해야 하고, 만남 이후에는 어떤 제안이 그들에게 가장 가치 있는지 끊임없이 생각해야 한다.

'Business'라는 단어에 담긴 'Busy'라는 본질은 그래서 중요하다. 우리는 바쁘게 움직이는 존재다. 그것은 단순한 분주함이 아니라, 고객의 문제를 해결하고 가치를 만들어 내기 위한 생산적인 분주함이다. 단순한 판매원이 아닌 비즈니스맨으로서, 우리는 고객과 함께 길을 걷는 파트너가 되어야 한다.

무엇보다 영업은 바쁨을 수용하고, 바쁨 속에서 의미를 찾는 사람이어야 한다. 그런 사람이 진짜 영업인이다.

세 번째, 영속성을 위한 곳

영업은 한자로 營業(영업)이다. 業(업)이란 일, 업무의 뜻이다. 핵심은 경영하다는 뜻의 '영(營)'이다. 영(營)은 경영하다, 짓다, 꾀하다, 계획하다, 두려워하다, 측량하다, 현혹하다, 밭을 갈다, 변명하다의 뜻이 있다. 새로운 것을 짓고, 정확하게 계산하고 측량하여 계획해야 한다. 농사를 위해 계획을 잘 세우며, 그에 맞는 밭을 가는 실천도 필요하다. 어떤 때는 말로 설득하고, 구차하게 변명할 때도 있고, 사기꾼처럼 현혹할 수도 있어야 한다. 이런 모든 방법을 활용하여 일을 처리해야 하는 곳이 영업이다.

글자를 풀어보면 불(火) 두 개와 집(宮)이 합쳐진 글자인데, 집의 불이 꺼지지 않도록 하는 곳이다. 불이 꺼지지 않으려면 지속적으로 장작을 넣어야 한다. 장작을 넣으려면 돈이 있어야 하고, 그 돈은 지속적으로 보충되어야 한다. 사람의 피가 인체를 도는 것처럼 회사에도 돈이 수혈되고, 순환되어야 한다. 이를 위해 영업에서는 밤새 불이 꺼지지 않도록 하는 지속성이 필요하다.

영업은 불을 지키는 일이다. 장작이 타들어 갈 때마다 새로운 장작을 넣고, 불길이 꺼지지 않도록 온기를 유지해야 한다. 그리고 이 불은 단지 나 혼자 따뜻하자고 지키는 것이 아니라, 함께 있는 조직과 팀, 그리고 회사 전체를 따뜻하게 덥히기 위한 불이다. 그래서 진짜 영업인은 자신이 불을 지키고 있다는 책임감과 자부심을 가져야 한다.

때로는 버거운 감정과 부당한 상황 속에서도, 웃으며 손을 내밀어야 한다. 오늘도 또 한 번의 전화를 걸고, 또 한 번의 회의를 준비하고, 또 한 번의 거절을 감내해야 한다. 그러나 그 속에서 우리는 강해지고, 성장한다. 불을 지키는 사람은 쉽게 무너지지 않는다. 그 불이 타오르는 한, 영업인은 살아있다.

네 번째, 시작과 끝

영업은 문을 열고 닫는 곳이다. 고객 대응을 통해 수주를 이루고, 가격결정을 통해 매듭을 짓는다. 문을 연다는 것은 단순히 거래의 시작만을 의미하지 않는다. 고객의 마음을 열고, 가능성을 열고, 미래를 여는 일이다. 이 과정에서 영업인은 신뢰를 기반으로 한 설득을 해야 하며, 고객의 니즈를 정확하게 읽고 그에 맞는 솔루션을 제시해야 한다.

문을 닫는다는 것은 계약을 체결하고, 과정을 마무리 짓는다는 뜻이다. 그러나 이 역시 단순한 종료가 아니다. 다음 문을 열기 위한 예고이며, 새로운 신뢰를 위한 약속이기도 하다. 가격을 결정한다는 것은 단순한 숫자의 교환이 아니다. 그것은 가치의 교환이고, 약속의 무게이며, 책임의 시작이다.

그래서 영업은 늘 문 앞에 서 있는 사람의 일이다. 닫힌 문을 두드리고, 열린 문을 들어서고, 때로는 닫히려는 문을 붙잡고 설득해야 한다.

우리가 상대하는 문은 물리적인 사무실의 문이 아니라, 사람의 마음이다. 마음을 여는 일이기에 감정과 신뢰, 말의 무게와 태도의 일관성이 모두 중요하다.

문을 여는 사람은 기다릴 줄 알아야 하고, 타이밍을 볼 줄 알아야 하며, 열릴 때를 준비해야 한다. 또한 문을 닫는 사람은 책임을 질 줄 알아야 하고, 깔끔하게 마무리할 수 있어야 하며, 다음을 준비하는 태도를 가져야 한다. 영업은 그 모든 과정을 조율하며 성사시키는 일이다.

영업은 단순한 외부 활동이 아니다. 문을 여는 과정에서는 전략과 계획이, 문을 닫는 순간에는 결단과 책임이 요구된다. 결국 영업은 회사를 외부 세계와 연결하는 출입문이자, 세상과 회사를 이어 주는 통로이다. 이 문을 어떻게 여느냐에 따라 회사의 운명도 달라진다.

0업

가끔 길을 가다 구인광고를 위한 전단지가 있다. 전단지에는 0명이라는 단어가 나온다. 잘 모르는 사람이 보면 0명인데 왜 구인광고를 하는지 의문이 들 수도 있다. 실제로는 0명이 아닌 1~9명을 뽑는다는 뜻이다. 0은 아직 정해져 있지 않지만 상황에 따라 변동될 수 있는 단어이다.

0업이란 아무 것도 결정되어 있지 않은 0에서 시작하여 어디까지 갈지 모르지만 그 변화를 만들어 내는 곳이다. 황무지에 건물을 지어 파는 사람이 영업인이다.

영업은 고객과의 거리가 0이다. 밀착 대응하는 곳이 영업이기에 고객의 요구와 방향성을 빠르게 알 수 있다. 이런 곳에서 영업은 내부와 외부의 소통창구 역할을 제대로 해야 한다. 소통의 오류는 같은 단어를 두고 다르게 생각하는 데서 일어난다. 좌우를 돌아보는 것과 좌우로 걸어가는 것이 다르듯 소통의 오류를 줄이기 위해 노력해야 하는 곳이다.

정리해 보자면 첫 번째, 영업은 영리를 목적으로 하는 곳이다. 두 번째, 단순 판매하는 곳이 아니라 더 큰 목적에서의 사업과 경영을 부지런하게 하는 곳이다. 세 번째, 그런 이익과 사업이 지속성 있게 이어지도록 만들어야 한다. 네 번째, 시작과 끝을 관장하는 곳이다. 다섯 번째, 가능성이 무한한 곳이다. 그곳이 바로 영업이다.

영업은 말이야

회사에 들어오기 전 영업직에 있던 선배에게 영업이 무엇이냐고 물었다. 그때 선배가 했던 말이다. "영업은 말이야." 뒤에 나올 말을 기대하고 있던 내게 선배가 다시 한번 말했다. "영업은 '말'이야. 정말로." 선배의 끝말은 쉼표가 아닌 마침표였다. 그렇다. 영업은 '말'이다.

영업인들이 독서를 해야 하는 이유가 무엇인가. 말을 잘하기 위해서다. 말과 독서가 무슨 연관이 있을까에 대한 의문이 있을 수 있지만, 독서의 정의를 알면 왜 독서가 말과 연결되는지 알 수 있다.

독서의 독(讀)은 말(言)을 판다(賣)는 뜻이다. '읽다.'라는 단어의 진정한 의미는 '말을 판다.'는 뜻이다. 우리가 책을 읽는 건 말을 팔기 위함이다. 무언가를 팔려면 팔 물건이 있어야 한다. 독서는 내가 물건을 팔기 위한 소재를 쌓는 과정이다. 독서를 하면 할수록 나만의 상점에 진열하는 물건들이 많아진다. 책을 읽는 관점도 마찬가지로 내가 이 책을 읽고 어떻게 팔고 활용할 것인지에 두어야 한다.

읽는다는 건 듣는다는 말과 같다. 책은 작가가 하는 말을 듣는 일이다. 즉, 독서는 읽기와 듣기의 병행 작업이다. 저자의 의도, 목적, 방향 등을 읽고, 잘 들어야 한다. 독서는 귀를 기울이는 행위다. 잘 들으려면 몸을 한껏 숙여야 한다. 그러다 보면 내 자세가 저절로 인사하는 자세가 된다. 어린아이가 하는 말을 들으려면 서서 듣는 것보다 무릎을 꿇고 눈높이를 맞추며 들어야 잘 들린다. 이처럼 듣는 사람이 말하는 사람에게 맞춰야 하는 과정이 필요하다. 우리는 독서를 통해 듣는 자세를 조절하는 능력을 키운다.

어떤 물건이 수익이 나려면 원가는 내리고 판매가는 높여야 한다. 책을 읽을 때 책의 내용을 줄이고 내 생각을 높여야 한다. 그것이 독서다.

책을 읽고 말을 팔 수 있을 때 비로소 책을 읽었다고 말할 수 있다. 말을 잘한다는 건 체계적이고 조리 있게 말함을 의미한다. 익숙하고 능수능란하게 할 수 있어야 한다. 독서를 통해 글의 체계를 배우고, 이를 말로 표현할 수 있는 표현력을 배운다.

영업인은 손에서 책을 놓지 말아야 한다. 말을 하기 위해 읽고 읽으면 들을 수 있다. 사실 말을 잘한다는 건 잘 듣는 것과 같다. 소통에서 말이 많을 필요는 없다. 침묵이 금이라는 말에서 배우듯이 말을 하지 않아야 말을 잘한다는 사실을 알아야 한다.

웅진의 윤석금 회장은 이렇게 말했다. '이야기를 듣는 상대가 유치원생인지, 국회의원인지, 교수인지에 따라 다르게 말해야 해요. 그게 바로 사람을 설득하는 기술이자 영업의 기본이라고 할 수 있지요.' 웅진을 창업하기 전 브리태니커 백과사전 영업사원을 했던 윤석금 회장이었다. 같은 말을 다르게 설명할 수 있는 능력을 가져야 한다. 군대가 힘든 이유는 이등병에게도, 소대장에게도 똑같은 설명방법을 사용하기 때문이다. 각자에게 맞는 말을 할 수 있을 때 좋은 영업인이 된다.

영업의 일

영업의 일은 크게 두 가지로 나눠진다. 첫째, 제품을 수주해온다. 둘째, 가격을 결정한다. 수주와 가격결정 이 두 가지가 영업인이 해야 하는 일이자, 반드시 이루어 내야 하는 목표이다.

수주란 주문을 받는다는 뜻이다. 수주(受注)라는 글자는 받는다는 수(受)와 물을 붓는다는 주(注)가 합쳐진 글자다. 수(受)라는 글자는 양손을 모으고 있는 상태이다. 회수하다, 받아들이다, 이어받다, 응하다의 뜻이다. 주(注)는 물(水)과 주인(主)이 합쳐진 글자이다. 주인 없는 물을 가져와서 내 그릇에 담는 것, 그것이 주(注)의 뜻이다.

수주는 양손을 모아 받은 물을 내가 활용할 수 있게 그릇에 담는 일을 말한다. 곳곳에 있는 기회의 물을 갖고 와서 내가 가진 논에 물을 대는 행위이다. 우리 주변에는 수많은 기회들이 있다. 그 기회를 잡는 일이 바로 수주다.

단, 수주를 할 때도 조건이 있다. 첫 번째, 아무런 물이나 받아서는 안 된다. 깨끗하고 맑은 물을 가져와야 농사를 짓는데, 그렇지 않고 구정물을 갖고 온다면 오히려 농사를 망칠 수 있다. 좋은 사람이 주는 빵은 받아도 되지만, 악인이 주는 빵은 받으면 안 된다. 이를 구분할 수 있는 지혜가 필요하다.

두 번째, 내가 받을 수 있는 만큼, 가진 그릇만큼 받아야 한다. 내가 담을 수 없을 정도로 물을 받으면 내가 감당할 수 없기에 힘만 쓰고 오랫동안 유지되지 못한다. 내 능력도 안 되는데 수주를 받으면 황새 따라가려다 다리 찢어지는 뱁새가 될 뿐이다.

내가 가진 터전에 물을 대는 행위가 수주라면, 잘 키운 농작물에 제값을 받는 행위가 필요하다. 그것이 바로 가격결정이다. 열심히 1년 농사를 지으면 적정한 금액을 받아야 한다. 제대로 돈을 받지 못하면 다음 해를 버틸 수 없다.

영업은 회사의 얼굴이다.

군대에서는 '창끝 전투력'이라는 단어를 많이 사용한다. 창끝 전투력이란 가장 최전선에서 적과 싸우는 힘을 말한다. 장교로 임관하면 들는 이야기가 있다. 오만 촉광의 빛나는 다이아몬드의 책임감과 창끝 전투력을 유지해야 한다는 말이다. 빛나는 다이아몬드의 무게를 인식하여 당당하게 걸어가라는 조언과, 그 당당함 속에 실력이 뒷받침되어 쓰러지지 말라는 말로 이해한다.

그 당당함을 유지하기 위해 열심히 군복을 다림질한다. 옷을 깨끗하게 입지 않으면 안 된다는 선배들의 조언에 각을 유지하며 학군단 생활에 이어 장교 생활을 했다. 여름에 팔을 깨끗하게 접어 올리는 방법까지도 꼼꼼하게 배웠던 기억이 난다. 장교는 항상 모범이 되어야 한다. 어항 속 물고기인 것처럼 모두가 보고 있기에 더 조심히 행동해야 한다고 배운다.

영업도 마찬가지이다. 영업은 회사의 창끝 전투력이며, 대표 얼굴이다. 내 행동 하나하나가 회사의 평가로 이어진다. 영업의 누구라고 말하지 않고 우리 회사의 누구라고 말한다. 어쩌면 장교보다 더 가혹한 잣대로 평가받고 움직이는 곳이 바로 영업이다. 그러니 행동 하나하나가 조심스럽지 않을 수 없으며, 한 번 더 꼼꼼하게 살피지 않을 수 없다.

인기 드라마였던 〈태양의 후예〉에서 송중기가 연기했던 유시진 대위가 한 대사가 기억에 남는다. '군인은 늘 수의를 입고 산다. 이름 모를 전선에서 조국을 위해 죽어갈 때 그 자리가 무덤이 되고 군복은 수의가 된다. 군복은 그만한 각오로 입어야 한다. 그만한 각오로 입었으면 매 순간 명예로워라. 안 그럴 이유가 없다.' 태양의 후예가 방영되었던 당시 계급이 대위였던 때라 재밌게 군생활 했던 기억이 있다.

영업은 늘 명예로워야 한다. 조직의 성과는 영업이 만든다. 영업에 몸을 담고 있다는 건 내가 회사의 모든 이들을 책임지고 있다는 말과 같다. 그런 각오로 영업에 있기에 명예롭지 않을 수 없다. 안 그럴 이유가 없기 때문이다.

2
왜 영업 '사원'인가

    영업인을 부를 때 흔히 듣는 말이 영업 '사원'이다. 품질 사원, 개발 사원, 구매 사원이라는 말은 익숙하지 않지만 영업 사원이라는 단어는 익숙하게 느껴진다. 이 단어에 영업인이 가져야 하는 태도가 내재되어 있지 않을까.

    영업에서 사원이든, 팀장이든, 실장이든, 직책이나 연차에 상관없이 사원의 마음을 가져야 한다. 사원은 회사의 가장 말단 직급이다. 식당에 가면 막내들이 숟가락을 가장 먼저 놓는다. 영업인이라면 어디서든 숟가락을 놓을 수 있는 사람이어야 한다. 내 직급이나 연차나 나이가 어떻든 상관없이 영업인이라면 그곳에서 제일 낮은 사원처럼 행동해야 한다.

    왜 사원의 마음이어야 하는가. 앞서 영업의 정의에서 말했듯이 영업은 이익을 내는 조직이다. 이익을 내기 위해서는 현혹도 해야 하고, 변명도 해야 하고, 설득도 해야 한다. 약한 척도 해야 하고, 아픈 척도 해야 한다. 그러기 위해선 사원의 초심이 필요하다. 사원이 갖고 있는 늘 새로운 마음과 매순간에 호기심을 갖고 업무를 대하는 태도가 있어야 한다. 사원의 초심을 가진 전문성 있는 영업인이 된다면 훨씬 업무에 도움이 될 것이다.

사원이란 섬기다의 사(仕)와 인원의 원(員)으로 볼 수도 있다. 조직을 섬기는 사람이다. 그래서 '왜 영업사원인가.'라는 질문은, 결국 '왜 섬기는 사람이어야 하는가.'라는 질문과 같다. 사원은 봉사하는 사람이다.

섬기는 사람은 약한 사람이 아니라, 강한 내면을 가진 사람이다. 자신을 낮추고 타인을 높일 줄 아는 사람, 관계를 단순한 거래가 아닌 신뢰로 끌어올릴 줄 아는 사람이 바로 영업사원이다. 진정한 섬김은 상대를 깊이 이해하고 존중하는 데서 시작된다. 그래서 영업은 결국 '섬김의 기술'이며, '관계의 예술'이다.

아버지의 마음으로

영업이 가져야 할 철학은 무엇일까. 바로 아버지의 마음이다. 우리들의 아버지들은 가족들을 위해 열심히 돈을 벌어 오신다. 자식들은 이거 사 달라, 저거 사 달라 하며 어떤 때는 말도 안 되는 걸로 우기는 경우가 많다. 그럴 때마다 아버지는 인자한 미소로 할 수 있는 것과 할 수 없는 것을 구분하며 설명해 주고, 할 수 있는 만큼 자식들에게 베푼다.

영업인도 마찬가지다. 영업이란 회사의 끝이자 선두에 있는 부서이다. 외부 고객에 대응해야 하지만, 내부 고객도 신경 써야 한다. 내부고객들이 하는 말들이 어떤 때는 말이 되지 않을 때도 있으나, 아버지의 마음으로 대해야 한다.

흔히 인간관계에서 역지사지의 자세가 필요하다고 한다. 내가 생각했을 때 역지사지란 마음속에 사랑이 있어야만 한다. 사랑이 없는 사람에게 역지사지는 불가능한 말이다. 내가 타인에게 관심이 없고, 그 사람에게 사랑이 없는데 왜 굳이 타인을 이해하겠는가. 역지사지를 하려면 사랑이 필요하다. 그래서 영업인들은 사랑이 필요한 존재다. 사랑을 해야만 하는 존재다. 부모의 마음으로 자식을 바라보듯, 이상한 소리를 하더라도 따뜻하게 바라볼 수 있는 영업인이 되어야 하지 않을까.

영업은 경계선에 머무르기에 양면성을 지닌다. 바깥에서 일하며 돈을 벌어오는 바깥양반이 되어야 하며, 집 안을 돌보는 안사람이 되어야 한다. 혼자서 부모 역할을 모두 할 수 있어야 한다. 엄마가 좋아, 아빠가 좋아라는 질문에 쉽사리 대답할 수 없는 자리다. 둘 다 영업이기 때문이다.

영업에 포기란 없다

자신의 일을 좋아하는 사람은 잘 없다. 다만 주어진 일이기에 계속해 나갈 뿐이다. 영업인에게 요구되는 능력은 꾸준함이다. 꾸준하게 의무적으로 하나씩 완성해 간다.

작가인 코이케 가즈오는 지금 내가 있는 곳이 내 실력이라고 말했다. '나는 어딘가에 가서 큰일을 할 사람이야. 여기에는 잠깐 있을 거야. 이런 일을 할 실력이 아니야.' 이런 망상을 자주 하는 사람이 있다. 내가 있는 곳이 곧 내 실력이다. 이를 인정하고 수용해야 한다.

꾸준함은 현실을 직시하는 데서 출발한다. 현실을 받아들이는 사람은 도망가지 않는다. 자기 위치를 인정하는 사람은 조용히 제 몫의 짐을 진다. 불만도 있지만 버틴다. 흔들려도 다시 중심을 잡는다. 그 버팀의 시간 속에서 쌓이는 것이 바로 '실력'이다. 영업은 단발성 승부가 아니다. 단기 성과에 일희일비할 필요가 없다. 실력은 시간을 먹고 자란다. 매일 작은 실패를 이겨 낸 경험이 영업인의 바탕이 된다.

꾸준함이 곧 재능이다. 영업이라는 거친 파도 위를 견디게 해주는 닻이다. 하루하루를 충실히 사는 사람만이 언젠가 파도를 넘는다. 내가 있는 지금 이 자리에서 묵묵히 걸어가는 것. 그것이 진짜 실력이다.

영업인은 맺는 사람이어야 한다. 수주를 맺고, 계약을 맺고, 가격을 맺는다. 그래서 무겁다. 중간에 맺지 못하고 나오는 사람도 많다. 영업은 마지막까지 책임지는 사람이다. 고객의 컴플레인에도 끝까지 남고, 내부 이슈가 발생해도 "제가 알아보겠습니다."라고 말할 수 있어야 한다. 책임이란 '끝을 보는 능력'이다. 일이 잘 풀릴 때만 앞에 나서고, 문제가 생기면 뒤로 빠지는 사람은 영업인이 아니다. 진짜 영업인은 문제가 생길수록 더 앞에 선다.

많은 사람들이 진보된 기술과 많은 정보를 이야기한다. 진짜 중요한 것은 태도다. 고객은 실력보다 태도에 반응한다. 회사는 기술보다 인내심 있는 사람을 원한다. 인생도, 영업도 결국 태도 싸움이다. 포기하지 않는 태도, 무너져도 다시 일어나는 태도, 그리고 무엇보다 사람을 존중하고 신뢰를 지키려는 태도가 영업인을 만든다. 영업이 어려운 이유는 결국, 이 태도를 지키며 오래 버텨야 하기 때문이다.

영업은 포기하지 않아야 한다. 포기하지 않기 위해 내 자리를 인식하고, 내 능력을 되돌아본다. 늘 부족함을 알기에 더 채우려고 노력한다. 그 과정에 꾸준함을 잃지 않으며, 끝까지 책임지려는 태도를 가져야 한다. 그래야만 영업사원이라 불릴 수 있다.

워라밸에 대하여

워라밸은 자주 쓰이는 단어다. 일과 삶의 밸런스로 요즘 시대에 직업을 구하는 조건에서 많이 고려되는 부분이다. 면접에서도 면접관이 워라밸에 대해 어떤 생각을 하는지에 대해서 질문으로 나오기도 한다.

일과 삶의 균형은 필요한 일이다. 일만 하는 사람이 없고, 그렇다고 삶만 있는 사람은 없다. 적절한 균형이 필요하기는 하다. 단, 성공하기 위해서라면 워라밸에 대해 다시 생각해 봐야 한다.

워커홀릭이라면 테슬라를 만들어 낸 일론 머스크에 대해 이야기를 꺼내지 않을 수 없다. 1971년생으로 50이 넘었다. 그런데도 여전히 주당 120시간을 일한다. 하루에 17시간을 일한다고 보면 된다. 엔비디아의 CEO인 젠슨 황도 마찬가지다. 1963년생으로 일론 머스크보다 10살이 많다. 하루 14시간, 7일을 일하며 쉴 때도 늘 일에 대해 고민한다.

그들은 남들이 놀 때 일하고, 남들이 일할 때 더 열심히 일한다.

일중독자처럼 일에만 빠져 살아야 한다는 말이 아니다. 그저 우리의 시각에 대해 다시 생각해 볼 필요가 있다는 말이다. 일과 삶의 균형이라는 말은 일과 삶을 나누어 버렸기에 혼돈이 생긴다. 삶 속에 일이 있고, 일 속에 삶이 있는데 어떻게 이를 균형을 맞출 수 있을까. 다만 늘 달릴 수는 없으니 쉬면서 생각하는 시간을 보낼 수 있어야 한다. 빌 게이츠도 1년에 한 달은 아무도 없는 외딴곳에 가서 책을 읽는다. 누구도 장거리 마라톤을 100미터 달리듯 달릴 수 없다. 재정비의 시간을 갖고 열심히 일할 때 탁월함으로 들어가는 발판을 쌓을 수 있다.

인생에서 중요한 것은 워라밸이 아닌 자신의 우선순위에 의해 정해진다. 편하게 휴식하는 삶이 우선순위가 높다면 그 삶에 집중하면 된다. 가족과 함께하는 삶을 선택한다면 그 삶에 집중하면 된다. 대신 그로 인해 얻지 못하는 것에는 욕심을 부리지 않아야 한다. 인생은 질량 보존의 법칙이다. 하나를 얻고자 하면 다른 하나를 포기해야 한다. 두 가지 모두 얻으려는 욕심을 버려야 한다.

영업사원의 감정노동과 회복탄력성

사원들의 삶은 고달프다. 매일 쓰레기통을 비우고, 궂은 일은 도맡아서 하곤 한다. 막내라는 위치의 숙명이다. 군대에서도 갓 들어온 막내 이등병은 늘 부지런하고 바쁘게 돌아다닌다. 이곳저곳에서 부르기 때문에 쉴 시간이 없다.

영업사원의 삶도 다르지 않다. 고객사의 갑작스러운 호출, 상사의 긴급한 보고 요청, 팀의 잡무까지 도맡는다. 무엇보다 힘든 것은 '감정노동'이다. 겉으로는 늘 웃고, 예의 바르고, 친절해야 한다. 설령 내면에서는 지치고, 화가 나고, 억울한 일이 쌓여도 그것을 드러낼 수 없다. 고객 앞에서는 '좋은 사람'이어야 하고, 회사 안에서는 '일 잘하는 사람'이어야 한다. 감정은 숨기고, 표정은 관리하며, 태도는 늘 단정해야 한다. 그렇게 하루를 보내고 퇴근하면, 몸보다 마음이 더 피곤하다.

이때 필요한 것이 '회복탄력성'이다. 영어로는 'Resilience'다. 부서진 마음을 다시 세우고, 상처 입은 자존감을 다독이며, 다음 날 다시 출근할 수 있게 만드는 힘이다. 회복탄력성이란 단순한 긍정도 아니고 무조건적인 인내도 아니다. 그것은 자신을 이해하고, 감정을 돌보며, 더 단단한 나로 다시 서는 과정이다. 고객의 불합리한 요구에 휘둘리지 않고, 상사의 감정적 언행에 무너져 내리지 않으며, 오늘 하루 나를 지킨 채로 내일을 준비하는 것. 그것이 회복탄력성이다.

영업사원이 된다는 것은 곧 사람을 상대하는 직업을 택했다는 의미다. 사람을 대한다는 것은 감정의 세계에 들어서는 일이다. 기분 좋게 웃게 할 수도 있고, 뜻하지 않게 상처를 주기도 한다. 그래서 우리는 더욱 스스로를 돌봐야 한다. '나는 왜 이 일을 하는가?', '무엇을 위해 이 자리에 있는가?'라는 질문을 잊지 않고 살아야 한다. 그래야 견딜 수 있다.

영업의 길은 고된 만큼 깊다. 그 안에서 감정을 견디고, 스스로를 회복하며, 한 걸음씩 나아가는 사람들이 진짜 강한 사람 영업사원이다.

3
영업인의 생존법

생존이란 생명과 직결되는 문제다. 생생하게 존재한다는 건 삶을 살피며 보존하고 죽지 않고 목표한 곳에 다다르는 일이다. 영업은 기업의 생존에 직결되는 곳이다. 영업이 영업역할을 못한다면 조직의 존립이 불가능하다. 그러한 영업에서 어떻게 생존해야 하는가.

대체 불가능한 인재가 되는 길

우리가 자주 듣는 단어 중 하나가 바로 'AI'이다. 1950년대 앨런 튜링이 발표한 〈계산 기계와 지성〉이라는 논문에서 출발하여, 인간을 대체할 수준의 결과물을 내놓는 현시대의 AI로 진화했다. 이제는 누구에게나 인공지능(Artificial Intelligence)이라는 도구가 손에 쥐어졌다.

AI가 일상 업무에 도움을 주는 것은 자명한 일이다. AI의 습득력을 통해 내놓는 결과물들의 수준은 인간이 만들어 낸 결과물보다 훨씬 뛰어나고, 짧은 시간에 놀라운 결과물이 나오기도 한다. 1997년 IBM이 만든 딥블루(Deep Blue)라는 체스 특화 인공지능이 체스 세계 챔피언이었던 가리 카스파로프를 이겼고, 2016년 인공지능 알파고가 바둑 기사인 이세돌을 꺾었다. 인공지능에 요청한 그림은 어떤 노력을 가하지 않아도 즉시 나오며, 인공지능이 쓴 책이 출판되어 베스트셀러가 되고 있다. 아나운서만 나오던 뉴스에도 인공지능이 주요 뉴스들을 소개한다. 우리의 친구 챗GPT는 수많은 질문에 답을 내려 주고 있다.

이런 가능성 있는 도구들이 인간의 손에 쥐어지며 각지에서 당연하게 활용되고 있다. 문제는 도구가 인간을 대체하기 시작한 점이다. 시간이 가면 갈수록 인공지능이 사람을 대체하는 범위가 넓어지고 있다. 늘 사람과 대면하던 은행부터 점차 축소되고, 마트의 계산원, 심지어 식당 요리사까지 대체되고 있다. 그렇다면 이러한 상황 속에서 인간은 어떻게 대처해야 하는가에 대한 질문을 던져야 한다. 결국 핵심은 대체 불가능한 인재가 되는 수밖에 없다.

대체 불가능이라는 말을 영어로 'Irreplaceable'이라고 한다. 대단히 귀중하거나 특별하기 때문에 그 무엇으로도 대체할 수 없다. 비슷한 단어로 'Valuable'이라는 단어가 있다. 가치가 크고 값비싸다는 뜻이다. 즉, 우리는 가치 있고 특별해야 한다. 값어치 있는 사람, 쓸모 있는 사람이 되어야 한다.

무엇이 대체 불가능한 인재일까? 내가 생각했을 때 대체 불가능하고 가치 있는 사람은 올라운드 플레이어이다. 올라운드 플레이어란 쉽게 말해 다재다능한 사람을 말한다. 어떤 일을 맡겨도 해낼 수 있는 사람이어야 한다. '나는 이것만 할 거야.'라는 태도가 아니라 모든 일을 다 감당해 낼 수 있는 사람이다. 어디에서든 쓸모가 있다. 이런 사람은 반드시 해야 할 일을 해낸다. 지금 현재 내게 주어진 중요한 일이 무엇인지 찾아내고, 그 일을 적극적으로 나서며 맡아 해낸다. 절대 포기하지 않는다. 포기하지 않으나, 지원을 요청할 때를 알고 주위에 도움을 청할 수 있다. 어떤 갑작스러운 일들이 수없이 일어나지만 당황하지 않고 임기 응변하며 마무리하는 사람이다.

두 번째, 대체 불가능한 사람이 되려면 조직에 임팩트 있는 사람이 되어야 한다. 임팩트 있는 사람이란 영향력 있는 사람이다. 영향이란 어떤 사물의 효과가 다른 것까지 미치는 일이다. 영향(影響)이란 그림자(影)가 울려 퍼진다(響)는 뜻이다. 나무의 그림자는 나무의 크기에 따라 달라진다. 심은 지 얼마 되지 않은 얇은 나무의 그림자와 한 아름 드리나무의 그림자는 차이가 크다. 거목이 될수록 그림자도 커지며, 그림자 속에서 쉴 수 있는 사람들이 많아진다.

우리는 조직에 큰 충격을 주는 사람이 되어야 한다. 타인에게 자극이 되고, 동기부여하며, 긍정성을 불러일으키는 사람이어야 한다. 《임팩트 플레이어》에는 이런 말이 나온다. '리더십의 핵심은 상황을 더 낫게 만들고 싶다는 욕구와 그러기 위해 행동에 나서려는 의지이다.' 영향력 있는 사람은 현재 있는 상황보다 더 나은 상황을 위해 애쓴다. 더 나은 내일, 더 높은 성과를 얻어내기 위해 투쟁하며, 그러한 욕구를 전파하여 함께 나아간다.

 흔히 조직에서 3:4:3이라는 법칙이 있다. 조직의 30%는 열심히 하고, 30%는 잘 따라오지 않는다. 나머지 40%는 분위기를 따라가는 중도층이다. 이때 영향력 있는 사람은 30%의 비율을 높이고, 중도층 40%를 이끌어 간다. 70%가 가는 길에 따라오지 않는 30%도 어쩔 수 없이 따라간다. 10명 중 한 명이 열정의 3에 들어가느냐, 아니면 불만의 3으로 들어가느냐에 따라 조직의 미래가 결정된다. 영향력 있는 사람은 절대적으로 성장의 3을 선택한다.

 무엇이든 해라. 이끌든가. 따르든가. 아니면 비키든가.
 Do something. Either lead, Follow or get out of the way.
- 테드 터너 -

 조직에서 대체 불가능해지려면 무엇이든 해야 하고 해내야 한다. 대신 그 방향성이 최소한 '따르든'을 선택해야 한다. 30%는 이끌고, 40%는 따른다. 차라리 비켜 주는 30%가 되어야지, 고집스럽게 버티는 30%가 되어서는 안 된다.

일을 현명하게 하자

 농담으로 조직에는 4가지 유형의 사람이 있다고 한다. 똑똑함과 부지런함을 기준으로 사분위를 만든다. 똑똑한데 부지런한 사람, 똑똑한데 게으른 사람, 부족한데 부지런한 사람, 부족한데 게으른 사람이다. 여기서 가장 먼저 집에 가야 할 사람은 부족한데 부지런한 사람이다. 이 사람은 자신이 부족한지도 모르면서 열심히만 한다. 열심히 우물을 보수했는데, 물이 나오지 않는 우물이었다면 쓸모없는 일을 한 것이다. 그러면서 나는 열심히 했으니 성과를 이루었다고 한다. 이를 경계해야 한다.

부족한데 게으르면 아무런 피해를 주지 않는다. 똑똑한데 부지런하면 피곤하기는 하지만 일을 맡길 수 있다. 제일 훌륭한 사람이 똑똑한데 게으른 사람이다. 이 사람은 일을 효율적으로 하기 위해 애쓴다. 남들이 열심히 오래 걸리는 일을 현명하게 단시간에 끝낸다.

《그냥 하지 말라》라는 책에서는 이렇게 말한다. '지금까지 농업적 근면성으로 일했던 이들의 꾸준함은 더 이상 덕목이 아닐 수 있습니다.'* 일본의 한 보험회사에서 보험금계산이 가능한 AI 시스템이 도입되었다. 이로 인해 34명이 해고되었다. 투자비용이 1년 인건비 절감금액과 같다. 당연한 선택지였다.

일은 효율적이고 효용적이어야 한다. 들인 노력에 비해 얻은 결과가 좋아야 하며, 그 노력이 보람 있어야 한다. 보람 없는 노력은 가치가 없다. 일을 할 때는 예리해야 한다. 예리한 시각으로 내리는 판단이 정확해야 하고 능력은 치밀해야 한다. 영업인은 이익이 되도록 볼 수 있는

---

* 《그냥 하지 말라》, 송길영, 북스톤, 2021, 74p

눈이 필요하다. 그 행동이 효용이 있는가? 이로운가? 이를 따졌을 때 예리하게 일할 수 있다.

최고의 영업사원

일은 열심히도 중요하지만 잘해야 한다고 말했다. 그렇다면 일을 잘한다는 사람은 어떤 기준으로 판별할 수 있을까. 내가 생각하는 영업인의 중요한 능력은 적응력, 평정심, 피드백 그리고 배짱이다.

첫째, 좋은 영업사원은 적응력이 있어야 한다. 가장 먼저 갖추어야 할 자질이 바로 적응력이다. 끝없이 변화하는 환경과 상황에 맞게 적응하여 융통성 있게 일해야 한다. 인간의 적응력은 놀라울 정도이다. 자려고 불을 끄고 침대에 누우면 아무것도 보이지 않다가 시간이 흐르면 조금이나마 볼 수 있게 된다. 강한 종이 생존하는 것이 아니라 적응하는 종이 생존한다는 다윈의 말처럼 영업인은 반드시 적응력을 갖춰야 한다.

《리더라면 손자병법》에서는 이렇게 말했다. '금빛 매미가 껍질을 벗는 것은 새로운 상황에 대한 적응이고, 인내하고 기다린 자의 화려한 변신의 성공이다. 다가오는 상황을 거부하거나 역류하지 않는다.'* 젠슨 황은 회사에 들어가기 전 첫 아르바이트로 식당 접시 닦이를 했다. 그 경험을 통해 혼돈에 대처하는 법을 배우고 환경은 조종할 수 없고 적응할 수밖에 없다는 사실을 깨닫는다. 그 일에서 겸손을 배우고, 겸

---

* 《리더라면 손자병법》, 박재희, 김영사, 2024, 51p

손을 통해 수용하며, 수용하기에 적응해 낸다.

적응하기 위해 무엇을 해야 하는가. 배움이다. 배움을 멈춰서는 안 된다. 뭐든지 배우는 영업사원이 되어야 한다. 밥 프록터는 배움을 멈춘 사람은 더는 존재하지 않는 세상을 살아갈 기술밖에 남지 않는다고 했다. 배움을 통해 적응력을 배운다.

둘째, 평정심이다. 평정을 이루기 위해 마음의 안정이 필요하다. 마음이 안정되지 않고 기복이 있으면 어떤 일도 힘들게 한다. 불안하면 일이 손에 잡히지 않는다. 집에 일이 있으면 집중력이 떨어진다. 마음을 항상 고요하게 유지해야 한다. 마음이 고요해야 고요한 생각을 하고, 고요한 말을 한다.

평정심이 있으면 여유가 생긴다. 그러다 보면 유연한 관계력을 가질 수 있다. '남의 허물을 발견하더라도 그것을 굳이 지적하지 않는 따뜻함을 지니고 있는가, 너그러이 수용하는 다정함이 있는가. 둘 중에 하나를 선택하는 일뿐입니다.'《어른이 되어보니 보이는 것들》에 나오는 글이다. 마음의 평화는 관계의 평화를 부르고, 강한 관계력을 지닌 사람은 고객대응에 있어서도 원만해질 수 있다.

세 번째, 피드백은 즉각적으로 하자. 짐 콜린스는 피드백이 없는 상태에서 일하는 것을 '파멸의 올가미 상태(Doom Loop)'라고 표현했다. 피드백이 없으면 방향을 잃기 쉽고, 같은 실수를 반복하게 된다.

내가 피드백을 줄 수 있는 사람은 내 동료이고, 내가 피드백을 받아

---

* 《어른이 되어보니 보이는 것들》, 코이케 가즈오, 2022, 36p

야 하는 사람 역시 동료다. 피드백은 일방적인 지적이 아니라, 함께 더 나은 결과를 만들어 가기 위한 상호작용이다. 주는 것도, 받는 것도 모두 중요한 능력이다.

여기서 말하는 피드백에는 '도움 요청'도 포함된다. 무엇이든 혼자 끌어안고 버티다가 일을 마무리하지 못하는 것보다는, 적절히 부탁할 줄 아는 것이 성숙한 영업인의 역량이다. 내가 할 수 있는 범위를 넘어선다면 망설이지 말고 도움을 요청해야 한다. 물론 혼자서도 일정 수준의 독립성을 갖춰야 한다. 하지만 혼자 해결하는 것만이 능사는 아니다. 함께 일하는 동료의 자원을 유연하게 활용할 수 있어야 한다.

네 번째, 배짱을 가지자. 영업인이 반드시 갖춰야 할 능력 중 하나가 바로 '배짱'이다. 여기서 말하는 배짱은 무모함이 아니라, 두려움을 이겨 내고 도전하는 용기다. 고객 앞에서, 조직 안에서, 시장을 마주할 때마다 우리는 크고 작은 선택의 기로에 선다. 그때마다 눈치 보며 머뭇거리기보다, 확신을 가지고 밀고 나가는 태도가 필요하다.

배짱은 단단한 내면에서 나온다. 수많은 거절과 실패를 겪더라도 무너지지 않는 자기 확신, 철저한 준비에서 비롯된 자신감, 결과를 책임질 수 있는 결단력이 영업인의 배짱이다. 실수할 수도 있다. 하지만 중요한 건 실수를 피하는 것이 아니라, 실수 후에도 다시 설 수 있는 사람, 끝까지 책임지는 사람이라는 신뢰를 주는 것이다.

배짱이 없는 사람은 늘 안전한 길만 고르지만, 영업은 늘 불확실성 위에 서 있다. 그래서 영업인은 자신만의 철학과 원칙 위에 선 배짱이 필요하다. 그것이 상대에게 신뢰를 주고, 결국 기회를 만든다.

탁월한 사람이 되어 보기

우리는 어디서든 탁월해져야 한다. 탁월한 사람이란 남들보다 무언가 두드러지게 뛰어난 점이 있다. 탁(卓)이라는 글자는 점치고 예측하다라는 복(卜)과 아침이라는 조(早)가 합쳐진 글자이다. 아침에 예측한다는 말은 사전에 미리 생각하고 짐작하여 헤아려야 한다는 뜻이다. 월(越)은 달리다라는 뜻의 주(走)와 도끼를 뜻하는 월(戉)이 합쳐졌다. 도끼를 들고 앞을 헤치며 달려간다.

탁월이란 앞일을 계획하여 다가올 문제들을 해결할 수 있는 능력이다. 《테슬라 리부트》에서는 일론 머스크를 이렇게 평가했다. '그는 믿기 어려울 만큼 야심찬 목표를 생각해 내고, 초지일관 집중하는 능력이 있다. 그는 늘 끝을 생각하며 시작한다.' 늘 끝을 생각하며 시작하는 머스크는 집중하는 능력을 무기로 삼아 어떤 일이든 해낸다. 계획하고 헤쳐 나간다. 그래서 탁월하다.

왜 군이 탁월해져야 합니까? 이런 질문을 한다면 답은 하나밖에 없다. 탁월함이 없으면 평범해진다. 평범함이란 평평하게 범용적으로 쓰인다는 말이다. 그저 그런 사람이다. 평범하면 평평한 사람이 된다. 이 말은 누군가의 평평함이 나의 평평함을 대체할 수 있다는 말이다. 우리의 탁월함은 대체 불가능해지기 위함이다.

탁월한 사람은 이것저것 다 한다. 가리지 않고 어떤 일이든 수용하여 내 성장의 발판으로 삼는다. 지나고 보면 과거에 쓸데없다고 생각했던 일들이 어느 순간에 활용되는 경우가 많다. 어떤 일도 하찮은 일이 없다. 탁월한 사람은 자신의 한계에 제한을 두지 않는다.

변화는 불편함을 부른다. 비범해지는 일은 불편해지는 일이다. 《고요한 읽기》에서는 비범함에 대해 이렇게 말한다. '비범함은 비범하지 않은 사람을 유혹하고 괴롭힌다. 비범해지라고 유혹하고 비범해지지 못하는 자신을 탓하도록 괴롭힌다. 그래서 우리는 차라리 깨어나지 않는 쪽을 택하려 한다. 알을 깨고 나오려고 시도하지 않을 때 우리는 평온하다. 모든 힘을 다해 깨어나지 않으려고 한다.'*

탁월해지는 삶은 당연히 어렵다. 탁월해지는 길이 쉽다면 누구나 탁월해졌다. 특별한 일을 하고 싶다면 쉬워서는 안 된다. 어렵고 시간이 오래 걸리는 길을 걸어갈 수 있는가부터 물어야 한다.

꼭 회사에서만 탁월해지라는 말이 아니다. 인생의 전반적으로 두드러진 점을 만들어야 한다. 전반적인 삶을 탁월한 방향으로 이끌어 가야 한다. 인생에 계획이 없으면 흘러가는 대로 산다. 계획을 세워 앞으로 어떻게 흘러갈지 미리 생각하는 과정을 통해 인생을 탁월함으로 이끌어 가야 한다.

---

* 《고요한 읽기》, 이승우, 문학동네, 2024, 225p

4
생존 영업의 길

 글을 쓰며 멈춰 섰던 영업의 길 위에 다시 올라선다. 영업의 길은 결코 짧지 않다. 때로는 기약 없는 설득을 거듭하고, 때로는 막막함 앞에서 고개를 숙여야 한다. 스스로의 무력감에 좌절하기도 한다. 숫자 앞에서 냉정해져야 하며, 누구도 알아주지 않는 과정 속에서 묵묵히 하루를 견뎌 내야 한다. 그렇기에, 이 글을 마치는 지금 우리는 되묻는다. 왜 나는 영업을 선택했는가?

 이 질문에 대한 답은, 단순한 업무의 이유를 넘어서 삶의 태도로 귀결된다. 영업은 결국 '사는 법'을 배우는 일이다. 사람을 만나고, 마음을 살피고, 상대의 언어를 배우는 과정 속에서 우리는 조금씩 단단해지고 유연해진다. 세상의 흐름을 읽는 눈을 키우고, 내 안의 언어를 길러 타인의 마음에 다가가는 법을 배운다. 그러니 영업이란 단순한 판매 기술이나 계약의 성사가 아니라, 사람과 사람 사이의 온도를 맞추는 일이며, 자신의 존재를 세상에 증명해 나가는 일이다.

영업은 내 인생이다. 내가 불안할 때는 영업도 흔들렸고, 내가 침착하고 단단했을 때는 결과도 만족스러웠다. 고객의 말과 표정 속에서 내 태도를 마주했다. 영업을 한다는 건 곧 자기 자신과의 대화였다. 매일매일 '나는 어떤 사람인가?'를 묻는 일이었고, 그렇게 우리는 '어떤 사람이 되고 싶은가?'라는 더 깊은 질문 앞에 선다.

이 길에서 살아남기 위해 우리는 기술을 익히고, 전략을 세우고, 시장을 공부한다. 그러나 끝내 우리를 살아남게 하는 것은 사람에 대한 감각, 자신에 대한 성찰, 그리고 매일을 견뎌 낸 시간의 무게이다. 영업은 '견딘 자'의 공간이다.

지금도 수많은 영업인들이 아침을 맞이하며 다시 문을 연다. 회의실의 공기를 가르며 PPT를 넘기고, 길고 짧은 미팅 사이에서 숨을 고른다. 글은 끝나지만, 영업의 길은 끝나지 않는다. 내가 걸어온 그 하루, 그 수고와 무게를 스스로가 알기에 아버지의 마음으로 생존을 위해 굳건하게 살아간다. 그것이 영업이다.

에필로그

일곱 명이 모였다. 누구는 15년 경력의 베테랑 영업인이었고, 누구는 아직 영업의 공기가 낯설기만 한 신참이었다. 나이도, 성격도, 맡은 일도 달랐지만, 우리 모두에게는 하나의 공통점이 있었다. 바로 '영업'이라는 거친 파도 위에 올라타 있다는 것. 그리고 그 속에서 어떻게든 살아남고 싶다는 간절한 마음이었다.

우리는 함께 책을 읽었고, 말했고, 웃고 썼다. 그렇게 매달 나눈 대화들이 차곡차곡 쌓여 마침내 한 권의 책이 되었다. 누구도 상상하지 못했고, 한 번도 생각하지 않았던 일을 시도해 본다. 우리가 쓴 책은 단순히 영업에 대한 기술서가 아니다. 각자 무슨 일을 하는지에 대한 설명도 아니다. 영업인으로서 각자의 고민과 실패, 용기와 회복에 관한 기록이다.

글을 쓰면서, 우리는 비로소 자신을 돌아보았다.

"나는 어떤 방식으로 일하고 있었는가, 나는 왜 이 일을 하고 있는가, 나는 어떤 사람이 되고 싶은가."

혼자였다면, 책을 쓰지 않았다면 그냥 지나쳤을 질문들이다. 그러나 함께이기에 멈춰 설 수 있었고, 서로 마주하며 질문을 던질 수 있었다.

이 모든 여정이 가능했던 것은 우리가 속한 회사가 있었기 때문이다. 바쁘고 치열한 일상 속에서도, 서로의 이야기에 귀 기울일 수 있는 공간을 허락해 준 조직, 그리고 늘 응원해 준 동료들 덕분이다. 모든 분들께 감사의 마음을 전한다.

영업본부의 총괄실장님께 영업이 무엇인지 여쭤본 적이 있다. 그분의 말씀이 인상깊다.

"영업이란 단순히 물건을 파는 일이 아니라 사람과 사람, 고객과 회사를 잇는 연결다리이다. 영업인은 세상의 변화를 읽고 다양한 기회를 만들어 내며 새로운 회사의 미래를 열어 가는 길에 서 있다. 처음 내가 생각한 영업은 수주와 수익성에 초점을 둔 영업이었다. 이제는 시대가 변하여 시장상황, 기술 발전, 고객 상황도 빠르게 변화하고 있다. 경쟁사도 새롭게 편성되고 있는 상황으로 옛날과 같이 수익성에 초점을 둔다면 당장에는 장점이 있지만, 미래의 성장관점에서 도태될 수밖에 없다. 이 과정에서 영업은 미래를 만들어가는 선봉자이며, 고객과 회사의 가교 역할을 해야 한다. 그것이 영업이 가야 할 길이다."

영업이 무엇인지를 설명해 주시고, 앞으로 영업의 방향성을 설명해 주셨다.

"영업인은 단순히 고객과의 사교적 친밀감에 머무르지 않고, 다양한 관점과 전략적 사고를 통해 내부 조직을 올바른 방향으로 이끌어갈 수 있는 역량을 갖추어야 한다. 그러나 이러한 역량은 하루아침에 만들어지지 않는다. 물이 1도에서 99도까지는 변화가 없지만 100도에 이르면 끓어오르듯, 구성원들이 한 단계씩 성장하고 한마음으로 움직일 때 비로소 폭발적인 시너지가 발휘된다. 결국 조직은 서로에게 관심을 가지고, 존중하며, 이해하고, 사랑할 때 비로소 더 큰 힘을 발휘할 수 있다."

총괄실장님의 가르침에 많은 배움을 느낀다. 우리가 이 책을 통해 전하고 싶은 이야기는 단 하나이다. '내가 생각하는 영업이란 무엇이고, 그 영업을 어떻게 정의할 것인가?' 어떻게 정의하는가에 따라 사용법이 달라진다. 휴대폰을 망치라고 정의할 수 없고, 기차를 가마라고 정의할 수 없다. 내가 올바르게 정의해야 그에 맞게 활용한다.

영업을 정의함으로써 내가 일을 대하는 태도가 달라진다. 그저 실적을 만들고, 자료를 작성하고, 하루를 버텨 내는 반복적인 업무처럼 느껴졌던 영업이, 어느 순간 내 삶을 비추는 거울이 되었다. 고객과의 대화 속에서 나의 부족함을 보았고, 협업과 갈등 속에서 나의 성장 가능성을 발견했다. 영업이란 단순한 숫자와 거래가 아니라, 사람과 사람 사이의 신뢰를 쌓는 일이라는 걸 깨닫게 되었다.

이제 영업을 단지 '해야 하는 일'이 아니라, '내가 어떤 사람인지 보여주는 방식'으로 바라볼 수 있다. 영업을 잘한다는 건 결국 인간에 대한 이해가 깊어지고, 타인의 입장에서 생각할 줄 알게 되며, 관계를 지속하는 능력이 성장한다는 의미다. 그 힘은 하루아침에 만들어지는 것이 아니라, 수많은 실패와 배움, 그리고 진심 어린 성찰을 통해 쌓여 간다.

이 책은 그 여정의 기록이다. 우리는 완성된 답을 제시하려는 것이 아니다. 다만, 우리와 같은 자리에 있는 누군가에게, "당신도 충분히 의미 있는 길을 걷고 있다."라고 말해 주고 싶었다. 그 길 위에서, 자신만의 정의를 찾기를 희망한다. 그 정의가 삶을, 업무를 바라보는 시각을, 세상을 살아가는 방식을 바꾸는 시작점이 될 것이기 때문이다.

이 책이 누군가에게 작은 위로가 되기를, 그리고 또 다른 누군가에겐 한 걸음 더 내딛는 용기가 되기를 바라며, 일곱 명의 이름으로 이 책을 세상에 내놓는다.

감사의 말

김형기

하늘 아래 새것은 없다는 말이 있습니다. 글을 적으면서, 수많은 사람들이 떠올랐습니다. 신입 사원 시절부터 현재에 이르기까지 함께 했던 사람과의 경험에서 나온 말을, 생각했던 것을 글로 옮겼습니다.

나의 자랑스러운 동료들에게 감사의 말을 전하고 싶습니다. 그리고 항상 도전할 수 있는 기회를 주고, 일에 대한 의미와 가치를 부여해 주는 회사에도 감사하다는 말씀을 드립니다.

박용우

회사와 삶은 떼어 낼 수 없을 만큼 긴밀하게 얽혀 있습니다. 그 과정 속에서 저만의 발자취를 남길 수 있는 기회를 얻어 감사하게 생각합니다. 회사생활을 하며 느낀 경험과 감정들이 저와 함께하는 동료들뿐만 아니라 직장생활을 이어 가는 많은 분들께 도움이 되기를 바랍니다. 이 자리를 빌려, 회사생활을 건강하게 이어 갈 수 있도록 늘 힘이 되어 주신 모든 직장 동료분들과 언제나 뒤에서 묵묵히 큰 버팀목이 되어 주신 가족께 진심으로 감사의 말씀을 전합니다.

최윤혁

유학을 떠났던 시절부터 지금까지 늘 아낌없이 응원해 준 가족들과, 지금의 저를 있게 해 준 많은 동료와 지인들, 그리고 함께해 온 모든 고객 여러분께 진심으로 감사드립니다. 특히 회사에서 새로운 여정을 시작하며, 독서 동아리 활동을 통해 집필까지 할 수 있도록 기회를 주신 동아리 여러분께 깊은 감사의 마음을 전합니다.

이번 글을 통해 제 인생을 되돌아볼 수 있었습니다. 앞으로도 배움을 멈추지 않으며 진정성 있는 영업을 이어 가겠습니다. 감사합니다.

지성근

이해가 늦어 적어도 두 번은 설명해 줘야 하는 우리 팀원들, 나를 이끌어 주는 선배들, 잦은 부탁과 재미없는 농담에도 참고 견디시는 후임들, 요청 자료가 이게 아닌데 답답해하는 고객들, 내일모레 마흔을 바라보는 철없는 사람과 살면서 쌍둥이를 임신한 와이프, 그런 나를 불안해하는 부모님과 처가댁 식구들. 나를 둘러싼 모든 분들께 항상 감사의 인사를 드리며, 부족한 나라도 글도 쓰고, 일도 하며 행복하게 살아가고 있으니, 서로 힘내며 함께 세상을 살아가 보자고 이야기하고 싶습니다. 늘 감사합니다.

배기현

지금까지 살아오며 생각을 글로 남겨 보자는 생각을 해 본 적이 없었던 것 같습니다. 독서 모임 구성원들의 의지가 이루어 낸 결과물이라 생각합니다. 이번 계기로 그냥 무심코 지나쳐 온 짧고도 길었던 사회생활을 다시금 돌아볼 수 있는 계기가 되었고, 정체성과 존재 가치에 대해 생각할 수 있는 시간이 되었습니다. 앞으로 새롭게 펼쳐질 여정을 위한 방향을 잡을 수 있는 기회가 된 것 같습니다. 이런 기회를 만들어 준 독서 모임 구성원들과 함께 일하고 있는 동료들께 감사의 인사를 전합니다.

신권

책과 담쌓고 지내고 있던 제가 독서 모임에 참여해 글을 쓰고, 책을 출판하며, 이렇게 감사의 말까지 쓰고 있습니다. 이런 과정이 어색하지만 그럼에도 좋은 사람들과 함께 배울 수 있는 기회였습니다. 함께 출판하고 도움을 준 독서 모임분들께 먼저 깊은 감사의 마음을 전합니다. 이번 출판이 끝이 아닌 새로운 삶의 시작으로 믿으며, 이를 원동력으로 삼아 주변에 긍정적인 힘을 전하고 싶고, 특히 늘 곁에서 응원해 주는 가족과 사랑하는 아내에게 진심으로 고마움을 전합니다.

곽동일

부족한 부분이 있음에도 불구하고 회사에 입사하여 가족보다 오랜 시간을 보내는 좋은 동료를 만났습니다. 부족한 능력을 깨닫고 조금씩 채우며, 각자에게 부여된 일을 하며 능력을 키웁니다. 삶의 또 다른 기회를 찾을 수 있도록 도와주는 것이 회사라고 생각합니다. 그곳에서 제가 있는 곳에 대한 정의와 의미를 다시 생각해 보는 시간이었습니다. 그러한 기회를 준 회사에 감사함을 느끼며, 함께 일하고 있는 모든 분들께 응원과 감사의 마음을 전합니다.

참고문헌

김미진, 조지나 외 1명, 《새로운시대 조직의 조건》, 위즈덤 하우스, 2022

김종원, 《글은 어떻게 삶이 되는가》, 서사원, 2023

김종원, 《내 언어의 한계는 내 세계의 한계이다》, 마인드셋, 2024

딘 모브쇼비츠, 《픽사 스토리텔링》, 동녘, 2024

라이언 홀리데이, 《데일리 대드》, 청림Life, 2024

론 프리드먼, 《역설계》, 어크로스, 2022

매트 리들리, 《혁신에 대한 모든 것》, 청림출판, 2023

모건 하우절, 《불변의 법칙》, 서삼독, 2024

박재희, 《리더라면 손자병법》, 김영사, 2024

브라이언 트레이시, 《겟 스마트》, 빈티지하우스, 2017

송길영, 《그냥 하지 말라》, 북스톤, 2021

송숙희, 《150년 하버드 글쓰기 비법》, 유노북스, 2022

아키하 타카코, 《책 읽는 책》, 지식의숲, 2012

안상헌, 《사장의 철학》, 행성B, 2021

이승우, 《고요한 읽기》, 문학동네, 2024

제현주, 《일하는 마음》, 어크로스, 2024

존 헤네시, 《어른은 어떻게 성장하는가》, 부키, 2019

최재천, 《양심》, 더클래스, 2025

코이케 가즈오, 《어른이 되어보니 보이는 것들》, 다른상상, 2022
필립 길버트 해머튼, 《어제보다 멍청해지기 전에》, 필로틱, 2025
사이먼 사이넥, 《스타트 위드 와이》, 임팩터, 2021

세븐 세일즈

ⓒ 김형기, 박용우, 최윤혁, 지성근, 배기현, 신권, 곽동일, 2025

초판 1쇄 발행 2025년 11월 4일

지은이	김형기, 박용우, 최윤혁, 지성근, 배기현, 신권, 곽동일
펴낸이	권지현
펴낸곳	이음과펼침
책임편집	이음과펼침 편집부
출판등록	2025년 7월 21일 제2025-000129호
주소	서울시 서초구 양재동 392-3, 202B
이메일	connectnbloom@gmail.com
원고투고	connectnbloom@gmail.com
홈페이지	www.connectnbloom.com

ISBN 979-11-994267-3-3 (03320)

- 가격은 뒤표지에 있습니다.
- 이 책은 저작권법에 의하여 보호를 받는 저작물이므로 무단 전재와 복제를 금합니다.
- 파본은 구입하신 서점에서 교환해 드립니다.